ZUCKERGOSCHERL

Ein Streifzug durch Wiener Cafés

Ursula Schmid-Spreer & Anna Maschin

Λ

Vorwort

Die beiden Autorinnen dieses Buches haben alle Caféhäuser nach bestem Wissen und Gewissen getestet. Sie wurden immer nett und zuvorkommend bedient, Fragen wurden stets freundlich beantwortet.

Sie waren auf der Spur des traditionellen Wiener Cafés alter und moderner Zeiten, haben die Bezirke erkundet und die Caféhäuser nach dem Gusto ausgewählt.

Die Autorin Ursula Schmid-Spreer, Halb-Wienerin, bekam Unterstützung von Anna Maschin (Fotos), in Wien geboren und aufgewachsen; gemeinsam begaben sie sich auf die Spuren des Wiener Kaffees und von Wiener Cafés. Ziel dieses Buches ist, die Caféhäuser zu präsentieren, die nicht in den herkömmlichen Reiseführern Erwähnung finden.

Das Augenmerk lenkten sie auch auf die Umgebung der Cafés, um eine Verbindung zwischen historischen Stätten, Parks und anderen Wiener Attraktionen herzustellen. Untermalt sind die Caféhäuser mit entsprechenden Geschichten, wie sie vielleicht Touristen erleben würden.

Inhaltsverzeichnis

Was ist ein »Zuckergoscherl«?

In Deutschland ist das Wort »Gosche« negativ behaftet. Damit verbindet man das Wort »Maul«. »Halts Maul« oder »Halt die Gosche«. In Österreich dagegen ist das Wort Zuckergoscherl (Zuckergosche) ein lieb gemeinter Ausdruck für die Liebste/den Liebsten. Besonders, wenn er oder sie gerne Süßigkeiten isst. Das Wiener Wort wird auch als Naschkatze, Schatz oder Liebling benutzt.

Redewendungen:

A Paradies fias Zuckergoscherl.

Du waradst mei Zuckergoscherl und i warad dei Bussibär.

Kaffee und Liebe sind heiß am besten.
(Deutsches Sprichwort)

Der Kaffee muss heiß wie die Hölle, schwarz wie der Teufel, rein wie ein Engel, süß wie die Liebe sein.
(Charles-Maurice de Talleyrand-Périgord, 1754 bis 1838, französischer Bischof, Staatsmann und Außenminister)

Wien, Wien nur du allein!

An Kreativität und Humor fehlt es den Wienern bei der Bezeichnung ihrer Mitmenschen nicht. Vom »Zwutschkerl« bis zum »Grantscherbn« findet man auf den Kaffeetassen alles, was der Wiener Schmäh so zu bieten hat. Die formschönen Porzellan-Tassen im Retro-Design werden in Österreich gefertigt und sind mit edlen Goldornamenten verziert. Bedruckt mit liebevollen Kosenamen und frechen Ausdrücken zaubern sie garantiert ein Schmunzeln auf die Lippen Ihrer Liebsten!

(Erhältlich unter verkauf@klomfar.at, auf Wunsch werden auch Häferl mit Wunschnamen angefertigt)

Wiener Ausdrücke und ihre Bedeutung:

Botschata / Botschate – männl. / weibl. Ungeschickte Person
Dampfplauderer – Person die viel und gerne redet
Derischa / Derische – männl./weibl. Person, die schlecht hört
Hawara – männl. für Kumpel / Freund
Heast – wienerisch für »hör zu«
Herzibinki – liebevoller Kosename
Fetznschädl – benebelte Person, Idiot
Gfrastsackl – nervende, unbequeme Person
Goschata/Goschate – männl./weibl. für freche Person

Grantscherbn – schlecht gelaunte Person
Gschaftlhuber – Wichtigtuer
Gspritzer/Gspritze – männl./weibl. Für Snob
Oida/Oide – männl./weibl. Alter/Alte
Ozwickta – männl. für nicht besonders große Person
Pipihendi – liebevoller Kosename
Rotzpipn – freche Person
Schasaugata/Schasaugate – männl./weibl. Person mit eingeschränktem Sehvermögen
Schlawiner – männl. pfiffige, schlaue Person; Schlitzohr
Schmähtandler – Schwindler
Springinkerl – lebhafte, energiegeladene Person
Zuckergoscherl – liebevoller Kosename
Zwidawurzn – schlecht gelaunte Person
Zwutschkerl – kleine, zarte Person

Kaffee ist überlebenswichtig.
Dinosaurier hatten keinen Kaffee
und wir wissen ja,
wozu das geführt hat.

Hätten Sie's gewusst?

... dass die Deutschen (!) mehr Kaffee als Wasser trinken? Mit 0,4 Litern pro Tag liegt der Saft aus Bohnen sogar auf Platz eins der Getränke. Zahlen belegen es: 65,7 Prozent trinken am liebsten Filterkaffee; auch mit Milch und Zucker. Erst dann kommt in der Beliebtheitsskala der schwarze Kaffee, danach Kaffee mit frischer Milch. Cappuccino und Co. sind abgeschlagen.

Wie alles begann (1683)

Die Legende

Die Türkenbelagerung und das Wiener Kaffeehaus sind eng miteinander verbunden. Legende und Wahrheit sind da oft schwer auseinanderzuhalten.

Die Legende besagt, dass Georg-Franz Kolschitzky als Türke verkleidet mit seinem serbischen Diener Dorde Mihajlović die feindlichen Linien um Karl von Lothringen durchbrach. Er kehrte mit der Meldung zurück, dass sich das Einsatzheer bald in Marsch setzen werde. Natürlich wurde er dafür reichlich belohnt, nämlich mit einer Gewerbeberechtigung, eine ständige Besoldung und Baugrund. Außerdem bekam er Säcke mit mysteriösen dunklen Bohnen. Kolschitzky war gewieft, witterte ein lukratives Geschäft. So entstand das erste Wiener Kaffeehaus in der Nähe des Stephansdoms. Diese Legende hielt sich jahrhundertelang.

Georg Franz Kolschitzky

Er wurde 1640 in einem Dorf Namens Kultschytzi-Schlachetzki in Polen geboren. Er war Geschäftsmann, Dolmetscher und ein Spion beim polnischen König Johann III.

Sein Leben

Er war 16, als er nach Wien kam. Sein Vorteil – er sprach Rumänisch und Türkisch und konnte somit dolmetschen. Elf Jahre später trat er in die erste Wiener Orientalische Handelskompagnie ein. Er bereiste den gesamten Balkan und den europäischen Teil des Osmanischen Reiches. Seine letzte Reise ging nach Konstantinopel, 1681 ließ er sich in Wien nieder. Seine große Stunde schlug, als der Großwesir Kara Mustafa 1683 die Stadt Wien belagerte.

Die ersten Kaffeehäuser

Sie entstanden im Osmanischen Reich, besonders in den Metropolen Ägyptens. 1554 wurde in Konstantinopel das erste Kaffeehaus eröffnet. An den Handelsplätzen, meist Länder am östlichen Mittelmeer, östlich von Italien gab es weitere Kaffeeschänken. 1647 wurde das erste Café in Venedig unter den Arkaden des Markusplatzes gegründet. Kaufleute kannten diese Caféhäuser aus Konstantinopel und Alexandria und begrüßten die Eröffnung. 1652 wurde in London das »Virginia Coffee-House« eröffnet. Immer mehr Caféhäuser entstanden um die Börse und wurden gerne von Geschäftsleuten als Treffpunkt angenommen. Im Jahre 1673 soll das erste Caféhaus in Bremen eröffnet worden sein. Und 13 Jahre später entstand im Sommer in Nürnberg im »Haus zum Frosch« am ehemaligen Fünferplatz 6 ein Caféhaus, das der Gastwirt Conrad Stör und der Zuckerbäcker Georg Albrecht eingeweiht hatten. Es gab Tee, Schokolade und Kaffee. Die Schanklizenz ging auf den Kaffeewirt Stör über. Johannes Theodat, aus Armenien, eröffnete 1685 das erste Kaffeehaus in Wien. Im Jahr 1700 waren es bereits vier Griechen, die dieses Privileg erhielten »Cafée öffentlich auszuschäncken«.

Im Jahre 1686 eröffnete das Café Prinzess in Regensburg, das heute noch besteht. Ebenso gibt es das Kaffeehaus »Procope« in Paris und das Café »Zum Arabischen Coffe Baum« in Leipzig. Nachweislich wurde dort seit 1711 Kaffee ausgeschenkt.

Viele Literaten hielten Hof in den Caféhäusern, sie ließen sich sogar die Post (»Penny Post«) in ihre Stammcafés schicken. Das »Smyrna« in Berlin zählte Jonathan Swift und Daniel Defoe zu seinen Gästen. Im Caféhaus gab es kein Standesdünkel. Adlige oder einfache Leute saßen zusammen und sprachen über die Weltlage im Allgemeinen oder über Geschäfte.

Der Kaffee ersetzte die alkoholischen Getränke. Bisher waren die Menschen gewöhnt, zum Frühstück eine Biersuppe zu sich zu nehmen. Der ständig leichte Rausch wich dem Gefühl der wachen, konzentrierten

Nüchternheit. Voltaire, ein leidenschaftlicher Kaffeetrinker, nannte ihn »der nüchterne Rausch«.

Kaffeehäuser waren auch ein Ort, an dem Spiele praktiziert, besonders Schach, gespielt wurden. Es wurde politisiert und manche Cafés hatten kleine Separées.

Heute ist alles anders

Das jetzige Kaffeehaus ist moderner geworden, die Mode und internationale Strömungen haben dafür gesorgt. Man spricht von der Latte-Macchiato-Generation, einer Mischform von Restaurant und Kaffeehaus. Viele neue Kaffeehäuser sind hinzugekommen, die sich der alten Tradition verschrieben haben und somit den Namen »Wiener Kaffeehaus« durchaus alle Ehre machen. Die Bezeichnung Kaffeehaus hat sich nur in Österreich erhalten, in anderen europäischen Ländern heißt es ausschließlich Café. Typisch sind kleine Tische mit Marmorplatten ohne Tischtuch, zierliche Stühle, Zeitungen aus aller Welt und natürlich Mehlspeisen.

Stehcafés

Sie sind meist Bäckereiverkaufsstellen angegliedert. Die Laufkundschaft nimmt sich einen Becher Kaffee mit oder trinkt ihn an hohen Tischen im Stehen.

Straßencafés

Sie haben ihre Tische und Stühle vor der Tür platziert. Bei schönem Wetter kosten die Gäste ihren

Kaffee an der frischen Luft und genießen die Sonne. Achtung! »Draußen nur Kännchen!«

Das Kaffeehaus einst und jetzt

Pater Gottfried Uhlich, ein Piarist, schrieb in der Chronik Geschichte der zweyten türkischen Belagerung Wiens, bey der hunterjährigen Gedächtnißfeyer aus dem Jahr 1783, dass Kolschitzky angeblich das erste Wiener Kaffeehaus im damaligen Schlossergassel (heute Stock-im-Eisen-Platz 4) eröffnet hat. Heute weiß man, dass dies Johannes Theodat, auch Deodat (1685) zuzuschreiben ist. Erst ein Jahr danach erhielten drei ehemalige Kundschafter, darunter Kolschitzky das Sonderrecht Kaffee auszuschenken, waren damit auch von der Gewerbesteuer befreit. Ob er es überhaupt in Anspruch nahm, ist nicht überliefert. Dieser armenische Handelsmann war ein geheimnisvoller Mann. Er stand im Dienste des Wiener Hofes, war aufgrund seiner Herkunft mit der Zubereitung der dunklen Bohnen wohlvertraut. Eine weitere Legende rankt sich um Kolschitzky. Er soll als erster den Kaffee mit Milch und Zucker vermengt haben.

Diese Erneuerung machte den Kaffee bei den Wienern so richtig beliebt und verschaffte dem Kaffeehaus den großen Durchbruch in Wien.

Genuss

Nicht jeder konnte sich »echten« Bohnenkaffee leisten. Erinnern Sie sich an Muckefuck, Malzkaffee, Blümchenkaffee (so dünn, dass man das Blumenmuster der Tasse durchsah), Stragelkaffee oder Zichorie?

Die Geschichte des Kaffees

Der Begriff »Kaffee« leitet sich vom arabischen »Kahwe« oder »Qahwa« ab, was so viel wie Lebenskraft oder Stärke bedeutet.

Historisch nicht dokumentiert ist der Ursprung des Kaffeeanbaus. Es gibt viel Legenden und Irrglauben. Man weiß jedoch, dass die Pflanze Coffea im tropischen Afrika entstanden ist. Erst mit menschlicher Hilfe gelangte der Kaffee, die Bohnen, auf andere Kontinente.

Bohnen

Coffea Arabica ist das Ursprungsgebiet im äthiopischen Hochland. Robusta wächst wild in Uganda – unmittelbar am Äquator – und in der Nähe des Victoria-Sees. Die Höhenlandschaft ist nicht so stark ausgeprägt mit ihren feuchtwarmen Einflüssen.

Ursprungslegenden, Entdeckung und Etymologie

Fakt ist, dass die Kaffeepflanze aus Afrika stammt. Viele Legenden ranken sich um das edle Getränk. So erzählt eine Sage, dass der islamische Prophet Mohammed die anregende Wirkung des Kaffees zuerst entdeckt hat. Der Engel Gabriel wäre ihm erschienen und hätte ihm eine Tasse mit einer heißen, dunklen Flüssigkeit gegeben.

Noch eine Legende: Einst sollen Hirten aus dem heutigen Äthiopien im Königreich Kaffa aufgefallen sein, dass ein Teil der Ziegenherde, die von einem Strauch mit weißen Blüten und roten Früchten gefressen hatten, bis in die Nacht hinein munter umhersprangen. Die anderen Tiere waren müde. Ein Hirte, dessen Name wird mit Kaldi angegeben, probierte selbst die Früchte. Er fand sie schrecklich und warf sie voller Ekel ins Feuer. Es wurden Düfte freigesetzt, die wundervoll rochen. So entstand die Idee des Röstens.

Man glaubt, dass die Region Kaffa im Südwesten Äthiopiens das Ursprungsgebiet des Kaffees ist. Bereits im 9. Jahrhundert wurde dies erwähnt. Vermutlich gelangte der Kaffee im 14. Jahrhundert durch Sklavenhändler nach Arabien. So brachte der Kaffeeanbau Arabien eine Monopolrolle ein. Handelszentrum war die Hafenstadt Mocha, auch Mokka genannt.

Zubereitung: In einer Eisenpfanne wurden die grob gemahlenen Bohnen geröstet. Das Mahlgut wurde mit Wasser und Zucker in der sogenannten »Jabana«, einem bauchigen Tonkrug ähnlich einer Karaffe, aufgekocht. Das Getränk wurde in kleinen Schalen serviert.

Wortform

Das Wort Kaffee lässt sich bis auf das arabische qahwa zurückverfolgen. Über das Türkische kahve gelangte es ins Italienische (caffè) und von dort ins Französische, dessen Wortform café ohne große lautliche Änderungen ins Deutsche übernommen und nur in der Schreibweise angepasst wurde.

Verbreitung in der Welt

Nach der Kolonialisierung fiel das arabische Kaffeemonopol. Die Inder versuchten, illegal keimfähige Bohnen in ihr Land zu bringen und sie zu züchten. Die Niederländer kultivierten die Pflanzen kultivieren und brachten sie in ihre Kolonien. Der wirtschaftliche Aufschwung begann und es gelang den Europäern, zu expandieren. Zeitgleich eröffneten viele Kaffeehäuser nicht nur in Europa, sondern auch in Nordamerika. Kaffee wurde ein internationales Handelsgut.

Kaffeehauskultur

Viele Gelehrte, Schriftsteller, Künstler, Philosophen trafen sich in den Caféhäusern. Viele Werke, zum Beispiel von Jean-Paul Satre, Thomas Mann oder auch Ernest Hemingway entstanden hier. Nicht nur philosophische Werke, sondern auch eine eigene Musik etablierte sich. In Wien entwickelte sich eine besondere Tanzmusik mit Streichern, während sich in Paris Chansons mit politischem Hintergrund durchsetzten.

Der Kaffee und die Gesundheit

Seit Jahrhunderten lieben die Menschen dieses einzigartige Getränk. Kaffee riecht gut, schmeckt gut und hat eine belebende Wirkung. Selbst wissenschaftliche Studien belegen, dass Kaffee – natürlich in Maßen genossen – gesundheitsfördernde Eigenschaften besitzt. Wussten Sie, dass mittlerweile über 1.000 verschiedene Inhaltsstoffe identifiziert worden sind?

Es finden sich Vitamine, Mineralstoffe, Proteine und Fette, eine Vielzahl an Säuren und Antioxidantien. Viele dieser Inhaltsstoffe können positive Effekte auf den menschlichen Organismus haben.

Im Kaffee gibt es Koffein, eine natürlich Substanz in der Kaffeebohne, die – wieder in Maßen konsumiert – das Herz und das zentrale Nervensystem anregen. Auch in der Teepflanze, in Guarana, in der Kakaopflanze und in der Kolanuss wurde Koffein nachgewiesen. Die Medizin macht sich dies zunutze, in einigen Kopfschmerz- und Migränetabletten befindet sich Koffein, das sich schmerzlindernd auswirkt.

Man sagt Koffein nach, die Aufmerksamkeit und Konzentrationsfähigkeit zu steigern. Es wirkt aufmunternd und erhöht die physische Leistungsfähigkeit. Bereits nach zwanzig Minuten setzt die anregende Wirkung ein. Die höchste Konzentration wurde im Blut nach eineinhalb Stunden gemessen.

Nicht alle Kaffeetrinker vertragen die anregende Wirkung. Mittlerweile gibt es entkoffeinierten Kaffee. Aus den Rohkaffeebohnen wird das Koffein herausgelöst.

Koffein verbessert die Lungen- und Bronchienfunktion für etwa vier Stunden. Asthmatiker können also vom Kaffeegenuss profitieren. Um den Kreislauf anzuregen, wird Kaffee am liebsten morgens konsumiert, um wach zu werden und sich besser zu konzentrieren. Leiden Sie unter Kopfschmerzen? Eine Tasse Kaffee hilft tatsächlich, den (leichten) Kopfschmerz zu unterbinden. Studien belegen, dass das Risiko für erhöhte Leberwerte, Leberzellkrebs und auch Leberzirrhose vermindert wird.

Tipps für besseren Kaffeegenuss

Würziger Kaffee: Im Orient wird Kaffee oft mit Gewürzen veredelt.

Lassen Sie sich davon inspirieren und verfeinern Sie Ihren Kaffee beispielsweise mit Zimt oder Kardamom. Entweder brühen Sie den Kaffee in der Mokka-Kanne mit den Gewürzen oder Sie kochen Milch mit den Gewürzen auf und geben sie in den Kaffee.

Besondere Kaffees

Der teuerste Kaffee der Welt stammt aus Thailand. Er heißt »Black Ivory« und bedeutet so viel wie »schwarzes Elfenbein«. Stolze 40 Euro kostet eine Tasse. Dieser Kaffee wird von Elefanten »veredelt.« Die Dickhäuter bekommen zusätzlich zum Futter thailändische Arabica Bohnen gemischt. Wie bei den Schleichkatzen durchwandern die Bohnen den Magen-Darm-Trakt. Die unverdauten Kerne werden ausgeschieden. Per Hand werden sie aus dem Dung aussortiert, gewaschen und in der Sonne getrocknet. Dadurch werden Bitterstoffe entzogen. Weit unter 100 Kilogramm können so »geerntet« werden. Der »Black Ivory« ist somit weltweit der seltenste Kaffee.

Kopi Luwak, salopp Katzenkaffee genannt: Er besteht aus halb verdauten Kaffeebohnen in den Ausscheidungen der in freier Natur lebenden Schleichkatzen. Kopi ist das indonesische Wort für Kaffee.

Wussten sie, dass zu König Friedrich des Großen Zeiten, es verboten war, seinen eigenen Kaffee zu rösten? Dies durften nur staatliche Röstereien, deshalb wurden sogenannte »Königliche Kaffeeschnüffler« eingesetzt, die schnuppernd durch die Stadt gingen, um private Kaffeeröster zu entlarven.

Drei Mythen über Kaffee

Kaffee macht nicht süchtig!

Kaffee entzieht dem Körper kein Wasser – er ist nur harntreibend.

Leider ist das Gerücht, dass kalter Kaffee schön macht, nicht erwiesen. Erwiesen ist allerdings, dass Kaffee Antioxidantien enthält, die gefährliche Radikale abhalten, in unsere Körperzellen einzudringen.

Das Kaffeehaus – einst und heute

Das Wiener Kaffeehaus

»Die Türken sind nur bis Wien gekommen, deshalb gibt es hier auch nur den besten Kaffee!« Diesen Spruch haben Sie doch bestimmt schon einmal gehört. Nicht jeder kann und konnte sich die »starke« Bohne leisten. Deshalb sprach man wohl auch vom Blümchenkaffee, vom dünnen Kaffee, der so wässrig und durchsichtig war, dass man das Blumenmuster der Kaffeetasse durchscheinen sah. Die Meißener Porzellanmanufaktur kreierte Blumenmotive, die in der Biedermeierzeit besonders beliebt waren.

Eher wahrscheinlich ist die Bezeichnung Blümchenkaffee darauf zurückzuführen, weil Zichorien zu Kaffee-Ersatz verarbeitet wurden, also Kaffee aus Blümchen hergestellt wurde.

Wiener Kaffeehausgeschichten

Wien ohne Kaffeehäuser? Undenkbar! Gilt das Kaffeehaus doch als Mittelpunkt, diente als Schauplatz der Weltliteratur und der Politik.

Das Café gilt als Gemeinplatz der Wiener Gemütlichkeit, liest man doch dort Zeitungen aus aller Welt und der »Herr Karl« bringt so viel Wasser nach, wie man möchte. Mehr als fünfzig große Cafés gab es an der Ringstraße. Den ganzen Tag konnte man sitzen, sich mit Leuten austauschen, Billard oder Tarock spielen. Der Dichter Peter Altenberg sitzt heute noch als Figur inmitten von Gästen im Café Central.

Typische Merkmale des Wiener Kaffeehauses

Eine traditionelle Ausstattung, wie elegante Holzvertäfelungen, dunkelhölzerne Thonetstühle, gemütliche Polstersitzecken, Tische mit Marmorplatten, das macht die Innenausstattung eines Wiener Kaffeehauses aus. Vergessen sollte man natürlich auch nicht die Jugendtilluster und die obligaten Zeitungshalter.

Im Kaffeehaus gibt es zu den verschiedenen Kaffees Mehlspeisen, Kuchen, Torten oder – wie im Café Hawelka – die berühmten Buchteln. Einige der Häuser bieten auch Saftwürstel oder sogar eine volle Auswahl an Gerichten der Wiener Küche an.

Laut Forschern ist der schlichte Filterkaffee der gesündeste. Da kann der Espresso noch so schonend zubereitet sein oder eine Genießercrema haben, der Filterkaffee ist der Favorit.

Kaffehausliteratur

Entstanden ist die Literatur vor dem Ersten Weltkrieg. Intellektuelle und Schriftsteller wollten oder mussten sich irgendwie die Zeit vertreiben. Sie entstand aus flüchtigen Notizen, aus Eindrücken und aus Gesprächen. Man palaverte miteinander. Sind Kaffeehausliteraten Weltverbesserer? Dieser Ort diente den Autoren als Inspiration für Sozialstudien, sie schauten den Besuchern aufs »Maul«. Viele verbrachten Tage damit,

Stimmungen einzufangen und die Welt zu verbessern. Zum Stammpublikum gehörten auch viele jüdische Schriftsteller. Hier seien Alfred Polgar, Egon Friedell und H.C. Artmann genannt. Friedell sah keinen Ausweg mehr, als im Jahre 1938 Hitler einmarschierte, und stürzte sich aus dem Fenster eines Kaffeehauses. Makaber daran ist, dass er vorher einen Passanten vor seinem herabstürzenden Körper warnte.

Wenn ich nicht zu Hause bin, bin ich im Hawelka. Wenn ich nicht im Hawelka bin, dann bin ich auf dem Weg ins Hawelka.
(Alfred Schmeller)

Im Grunde gibt es nur zwei Tageszeiten: vor dem ersten Kaffee und nach dem ersten Kaffee.
Nico Rose (*1978), deutscher Manager

Der Barista

(Im Singular ist sowohl die männliche als auch die weibliche Form Barista. Im Plural unterscheidet man zwischen männlich Baristi und weiblich Bariste)

Wer in einem Café, einer Espressobar für die Zubereitung des Kaffees zuständig ist, wird als Barista bezeichnet. Das Wort kommt aus dem Italienischen und bedeutet Barkeeper. In Italien serviert ein Barista alle möglichen Getränke, während im englischen Sprachraum Getränke auf der Basis von Espresso zubereitet werden.

Latte Art

Beim Eingießen der aufgeschäumten Milch entsteht ein Muster, eine besondere Art, welche ein Barista beherrschen sollte. Es ist eine Begabung die richtige Konsistenz des Milchschaums zu erreichen. Mit Hilfe von Gießtechniken und Stiften entstehen wahre Kunstwerke – ganze Bilder oder auch nur einfache Symbole. Diese Kunst ist leider vergänglich, trotzdem wunderschön. Es gibt sogar eigene Meisterschaften dafür.

Tätigkeitsfeld

Der Barista braucht Kenntnisse in Bezug auf Kaffeesorten und die perfekte Kaffeeröstung, er muss Espressomaschinen bedienen und warten können. Und er präsentiert seine Kaffeespezialitäten ansprechend.

Ausbildung

In Italien ist die Ausbildung des Barista ein Lehrberuf. Auf internationaler Ebene hat sich die Bezeichnung Barista etwas verschoben. Sie meint ausschließlich einen Fachmann/-frau für die Zubereitung von Kaffeespezialitäten auf Espresso-Basis. Leider ist die Bezeichnung nicht geschützt. In Deutschland werden Kurse in verschiedenen Städten zu unterschiedlichen Preisen und mit abweichenden Themen angeboten. Will man eine kompetente und qualifizierte Ausbildung, sollte man die Standards der SCA (Specialty Coffee Association) beachten. Um ein Diplom zu erhalten, wird der angehende Barista in verschiedenen Themengebieten wie Rösten, Mahlen, Brühen, Rohkaffee etc. geschult. Neben theoretischem Wissen vermittelt die Ausbildung auch praktische Fähigkeiten.

Um ein guter Barista zu sein braucht man Gespür und Leidenschaft für Kaffee.

Alltag

Dieser ist vielfältig, er ist Künstler und Techniker zugleich. Er weiß alles über die richtige Temperatur, über den richtigen Mahlgrad und den Druck einer Espressomaschine. Und ein Barista ist kommunikativ; er weiß seine Kaffeespezialitäten gut zu verkaufen.

Interview mit dem Barista Johannes Otto

USS: Hat sich der Beruf des Barista in der letzten Zeit gewandelt? Schließlich ist es mehr, als nur Kaffee kochen!

JO: Ich denke, es hat sich in den letzten Jahren hauptsächlich die Wahrnehmung des Berufs geändert. Die Leute entwickeln immer mehr Interesse dafür, wo der Kaffee herkommt und wie er am besten zubereitet wird, wie die Lieferketten sind und wie viel Geld der eigentliche Produzent erhält. Deshalb hat man als Barista mehr und mehr die Aufgabe Aufklärung zu betreiben. Man möchte dem Kunden vermitteln, dass Kaffee mehr als nur ein Muntermacher ist.

USS: Was fasziniert Sie an diesem Beruf?

JO: Mich fasziniert vor allem, wie unterschiedlich Kaffee sein kann. Je nach Anbauland und Varietät kann Kaffee komplett unterschiedlich schmecken. Von floralen bis beerigen Noten, bis hin zu schokoladigen Noten kann in Kaffee alles drin sein. Kaffee gehört zu den an Aromen reichsten Lebensmitteln der Welt, deshalb wird die Arbeit mit Kaffee nie langweilig.

USS: Ursprünglich haben Sie ja etwas anderes gelernt und studiert.

JO: Ja ich habe eigentlich Verfahrenstechnik studiert und das Thema war auch interessant. Allerdings hat mich daran gestört, dass in dem Beruf und auch im Studium sehr viel Theorie ist. Ich bin eher ein praktischer Mensch. Ich möchte die Dinge, mit denen ich mich umgebe und befasse, sehen und fühlen. Deshalb habe ich mich dazu entschieden, in die Kaffeewelt einzutauchen. Theorie ist hier auch wichtig, aber die Praxis ist deutlich zugänglicher und es ist halt noch ein echtes Handwerk.

USS: Welche theoretischen Kenntnisse brauchen Sie? Und natürlich müssen Sie auch praktische Kenntnisse haben?

JO: Eigentlich kann sich in Deutschland jeder, der in einem Coffeeshop arbeitet, als Barista bezeichnen. Es ist ja kein Ausbildungsberuf. Zu Beginn habe ich mir die meisten Dinge selbst beigebracht, bis ich irgendwann mal einen Baristakurs mitgemacht habe. Heutzutage bieten viele Röstereien solche Kurse an, da alle bestrebt sind, das Bewusstsein für Kaffee weiterzuentwickeln. Wir selbst bieten solche Kurse bei uns in der Kaffeeschule Nürnberg an. Diese reichen von Barista-Einstiegskursen bis hin zu sehr intensiven mehrtägigen SCA-Blockseminaren. Ich würde jedem, der sich für diesen Beruf interessiert, empfehlen, mal einen SCA (Specialty Coffee Association) Kurs zu besuchen. Diese Kurse laufen nach einem weltweiten Standard ab und sind immer auf dem aktuellen Stand, da diese Kurse nur von geprüften und von der SCA autorisierten Trainern und Trainerinnen geben dürfen. Als Barista braucht man Kenntnisse über den Ursprung des Kaffees. Man muss wissen, wo und wie Kaffee angebaut, geerntet und aufbereitet wird. Natürlich sollte man auch wissen, wie Kaffee geröstet wird und vor allem, wie man ihn zubereitet, um die verschiedenen Nuancen des Kaffees hervorzuheben.

USS: Was muss ich mir unter »Latte Art« vorstellen?

JO: Als Latte Art bezeichnet man die Bilder, die mit dem Milchschaum in den Kaffee gezeichnet werden. Jeder hat in der Werbung schon mal einen Cappuccino mit Schaum in Herzform drauf gesehen. Das ist mittlerweile der Standard. Die Latte Art ist wirklich zu einer Kunstform geworden wo die Baristi die schönsten Motive und Figuren in den Milchschaum gießen. Im Endeffekt ist die Latte Art nur das i-Tüpfelchen auf dem Kaffee, um das Erlebnis für den Kunden noch einmal besonders zu machen und sich als Coffeeshop natürlich auch von anderen abzusetzen.

USS: Ich darf herzlich gratulieren. Sie sind German Latte Art Champion aus dem Jahre 2020. Was mussten Sie da alles vorzeigen?

JO: Bei so einem Wettbewerb muss man einer Jury mehrere neue Motive in einem Cappuccino präsentieren. Dabei geht es vor allem um die Schwierigkeit der Motive und um solche, die es bisher nicht gibt. Aber während seiner zeitlich begrenzten Präsentation muss man auch Gastgeber sein. Man behandelt die Jury wie seine Gäste und unterhält sich mit ihnen. Man erklärt, was man da genau tut und warum man sich diese Motive ausgedacht hat. Dabei muss man gleichzeitig so schnell, sauber und effizient wie möglich arbeiten. Unterm Strich ist es eine perfekt einstudierte Präsentation oder Show, die man da gibt.

USS: Bezeichnen Sie sich selbst als Kaffeekünstler?

JO: Ich selbst würde mich nicht als solchen bezeichnen. Wie gesagt, ist die Latte Art erst einmal reine Optik. Viel wichtiger sind der Geschmack und die Qualität des Kaffees. Das ist der Grund, warum die Leute wiederkommen.

USS: Wie sieht Ihr Alltag aus? Was gibt es alles zu tun?

JO: Mein Alltag sieht vielleicht ein bisschen anders aus als der eines Barista in einem Coffeeshop, da ich in einer Rösterei arbeite. Ich beschäftige mich hauptsächlich mit dem Thema Qualität und Weiterbildung in unserer Rösterei. Das bedeutet, ich arbeite sowohl mit dem Röstteam zusammen, was Rohkaffeeeinkauf und die Röstung betrifft, als auch in unserer Kaffeeschule, wo ich Kurse für Hobbybaristi und Profis gebe. Mein Tag ist sehr abwechslungsreich und das macht den Beruf so spannend für mich.

USS: Wie schafft man es, die verschiedenen Kaffeesorten auseinanderzuhalten und die entsprechende Kaffeeröstung vorzunehmen?

JO: Das bekommt man nur durch Übung hin. Man muss sich sehr intensiv mit dem Thema befassen. Ähnlich wie bei Wein hat Kaffee je nach Herkunftsland ganz eigene Aromen. Und das ist wiederum die Kunst beim Rösten, diese Aromen hervorzuheben. Dazu braucht man aber viel Erfahrung. Das ist nichts, was man in einem Kurs lernt, sondern das muss man machen, und sich so seinen Erfahrungsschatz aufbauen.

USS: Gibt es einen Unterschied zwischen Barista und Kaffeesommelier?

JO: Schwer zu sagen. Wenn man sich im Internet darüber informiert, herrscht die Meinung, dass der Barista der Meister der Zubereitung ist und der Sommelier der Meister der Sensorik. Das ist meiner Meinung nach eine sehr veraltete Sichtweise. Ein sehr guter Barista kennt sich heutzutage in allen Bereichen rund um den Kaffee aus. Das ist eben das, was den Profi vom Hobbybarista unterscheidet. Natürlich muss man als Barista den Kaffee sensorisch bewerten können, denn sonst könnte man ja keine Mühle einstellen. Man muss über Varietäten, defekte und verschiedene Aufbereitungsmethoden Bescheid wissen.

USS: Und was ist ein Röstmeister? Sein Tätigkeitsfeld?

JO: Auch hier ist es ähnlich wie bei der Berufsbezeichnung als Barista. Jeder kann sich als Röstmeister bezeichnen, ohne dass er dafür irgendetwas nachweisen muss. Und das tun leider auch viele. In meinen Augen braucht man als Röster vor allem Erfahrung und Gespür für den Kaffee. Man muss vorab wissen, wie sich der Rohkaffee in der Röstmaschine verhalten wird und wie man auf die Schwankungen der Parameter richtig reagiert. Und das kann man eben nur, wenn man viele Kaffees geröstet hat. Das Tätigkeitsfeld des Rösters ist natürlich viel mehr als nur das Rösten selbst. Man muss Ahnung vom Kaffeemarkt und vom Handel haben. Man muss sensorisch Kaffees bewerten können, bevor man sie einkauft. Und dann natürlich die richtige Lagerung von Kaffee und die Qualitätskontrolle und Sicherung.

USS: Könnten Sie sich etwas anderes vorstellen, als ein Barista zu sein?

JO: Nicht wirklich. Mir macht der Job einfach sehr viel Spaß. Und er wird nie langweilig.

Herzlichen Dank, lieber Herr Otto!

Wie der beste Filterkaffee gelingt:

Die Stärke eines guten Filterkaffees hängt von der Aufgussart ab. Wenn man das Wasser nur durch die Mitte des Filters laufen lässt, wird der Kaffee eher schwach, da er immer durch dieselbe Stelle im Filter fließt und so weniger Aromen aus dem Kaffeepulver mitnehmen kann. Durch kreisende Bewegungen beim Aufgießen des Wassers fließt das Wasser durch verschiedene Stellen im Filter und kann mehr Aromen abschöpfen. Dadurch wird der Kaffee stärker.

Mein Auto braucht fünf Liter pro hundert Kilometer, ich auch. Kaffee.

Peter E. Schumacher (1941 bis 2013), Aphorismensammler und Publizist

Historische Kaffeekannen

Bevor es Kaffeemaschinen mit Warmhaltekannen und Wärmeplatten gab, servierte man den aufgebrühten Kaffee in besonderen Gefäßen. Früher hielt man den Kaffee für gesundheitlich bedenklich, deshalb waren diese Kannen sehr viel kleiner als Teekannen. Die Kaffeekannen bestehen meist aus Porzellan, auch aus Steingut, aus Glas oder sogar aus Metall. Damit der Kaffee länger warm blieb, nähte oder strickte man Kaffeehauben, die über die Kanne gestülpt wurden. Somit erreichte man eine gewisse Isolation.

Der Kaffeefilter, meist aus Porzellan, wurde mit einer Filtertüte bestückt, man gab, je nach Stärke, entsprechendes Kaffeepulver hinein und überbrühte den Kaffee langsam mit heißem Wasser. So konnte die braune Flüssigkeit tröpfchenweise in die Kanne rinnen. Die Kaffeekannen von früher waren im Fokus jeder Kaffeetafel. Es gab sie in verschiedensten Farben, Größen und Formen. Oft waren sie reich verziert, manche auch schlicht und einfach. Kein Wunder, dass besondere Kaffeekannen zum Sammelobjekt wurden. Etwas über 5.000 Exponate findet man im Kaffeekannenmuseum in Schöppenstedt (der Eulenspiegel-Region im Landkreis Wolfenbüttel in Niedersachsen), in Büchlberg (Niederbayern) und in Neufelden (Oberösterreich).

Wann wurde die Kaffeekanne erfunden?

Etwa im 19. Jahrhundert wurde vom Pariser Blechschmied Joseph-Henry-Marie Laurens der sogenannte Perkolator erfunden.

Was ist der Unterschied zwischen Teekanne und Kaffeekanne?

Eine Teekanne ist viel bauchiger und breiter als eine Kaffeekanne.

Was ist eine Pressfilterkanne?

Dies ist eine gute Alternative zu Filterkaffee.

Was ist eine Bayreuther Kanne?

Das ist eine Keramikfiltermaschine mit einer traditionellen Form, die aus vier Porzellanteilen besteht.

Wie wurde der erste Kaffee gekocht?

Kaffeesamen wurden geröstet, gemahlen und dann im Wasser gekocht. In Äthiopien wurden die Bohnen in einer Eisenpfanne geröstet und dann mit einem Mörser zerstampft.

Wie funktioniert die Karlsbader Kanne?

Sie besteht aus vier Porzellanteilen. Durch ein feines, doppeltglasiertes Porzellansieb wird der Kaffee gefiltert. Porzellan ist geschmacksneutral und bringt daher das Aroma voll zur Geltung.

Kaffeekanne mit Geschichte

Ein Paar hatte einfach zu viele Kaffeekannen. Um Platz zu sparen, hängten sie die Kannen einfach unter die Decke. Sie haben sicher alle Tassen im Schrank und auch die eine oder andere Kaffeekanne. In vielen verschiedenen Formen, Farben und auch Größen – bauchig, grazil, edel oder einfach. Oder sind sie unifarben, mit Blumenmuster, sehen aus wie eine Kuh oder eine Katze. Haben Sie Blumen hineingepflanzt, Ohrringe an den Rand gehängt, sie zweckentfremdet? Schließlich ist es eine Erinnerung an Oma oder Uroma. Tassen, Teller, Zuckerdöschen sind verschwunden, die Kaffeekanne hat irgendwie überlebt. Kein Wunder, dass sie zum Sammelobjekt geworden ist. Hervorzuheben wäre die Jabana, eine traditionelle, nordostafrikanische Kaffeekanne, wie sie in Äthiopien, Eritrea und im Sudan verwendet wird. Das bauchige Gefäß besteht aus Ton mit einem langen dünnen Hals, einem gebogenen Ausguss, einem Henkel und einer halbrunden Stellfläche. Die Dampfblasen verteilen sich beim Kochen gleichmäßiger, der Kaffee schmeckt intensiver; natürlich wird er schwarz getrunken.

Tag des Kaffees

Im Jahr 2006 hat der Deutsche Kaffeeverband den aromatischen Bohnen ein Denkmal gesetzt. Es wurde der »Tag des Kaffees« ins Leben gerufen. Jeder der mag, kann sich zu diesem Ehrentag – am 1. Oktober – mit Aktionen beteiligen.

Wir lieben Kaffee und das wird gefeiert!

Nicht nur Österreich liebt Kaffee, auch die Deutschen trinken den Wachmacher gerne. Rund 166 Liter werden im Jahr pro Kopf getrunken. Das ist mehr als jedes andere Getränk. Das ist Grund genug, der aromatischen Bohne einen Ehrentag zu widmen.

Kaffee, das unterschätzte Heilmittel

Was mögen Sie am Kaffee? Die anregende Wirkung oder ist es eher der Geschmack?

Die Bohnen können uns auch vor Krankheiten schützen. Wussten Sie das?

Kaffee ist mehr als ein Genuss; er hebt die Stimmung und laut einer Harvard Studie sinkt das Risiko an einer Depression zu erkranken bei Frauen, die täglich etwa vier Tassen Kaffee trinken, um 20 Prozent. Die Bohnen enthalten Vitamine und Mineralstoffe, Proteine sowie entzündungshemmende Antioxidantien. Damit wird unser Immunsystem gestärkt.

Krebsrisiko

Bei normalem Kaffeekonsum, vorausgesetzt man raucht nicht, kann Kaffee Schutz vor Krebs bieten (Leber/Prostata). Dies haben Untersuchungen laut der New York Times ergeben. Die Inhaltsstoffe des Kaffees können Veränderungen des Lebergewebes, die zur Entstehung von Karzinomen beitragen, bremsen. Außerdem können sie nachweislich das Krebsrisiko, wenn mehr als fünf Tassen Kaffee am Tag getrunken werden, senken. Sogar um 18 Prozent soll das Risiko an Leukämie oder an Prostatakrebs zu erkranken, sinken, ergaben Studien der WHO (Weltgesundheitsorganisation der Vereinten Nationen).

Herz und Kreislauf

Die magische Zahl Fünf sagt Ihnen, dass Sie dann seltener einen Herzinfarkt oder Schlaganfall bekommen können. Also, fünf Tassen Kaffee am Tag trinken. Dem Koffein schreibt man antientzündliche Eigenschaften zu. Koffein soll auch eine positive Langzeitwirkung auf den Blutdruck haben.

Gehirn

Trinken Sie nach dem Lernen zweieinhalb Tassen Kaffee und Sie können sich den Lernstoff besser merken. Unser Gedächtnis bleibt langfristig auf Trab. Drei Tassen täglich und Sie sind weniger anfällig für Demenz und Alzheimer.

Diabetes

Vier Tassen Kaffee am Tag sollen im Vergleich zu Menschen, die keinen Kaffee trinken, ein geringeres Risiko an Diabetes-Typ-2 zu erkranken, haben. Auch entkoffeinierter Kaffee erzielt diese Wirkung.

Reizhusten

Vermischen Sie eine Paste aus 500 g Honig mit 70 g Instantkaffee. Ein Esslöffel, das dreimal am Tag, in heißem Wasser auflösen, und sie lösen nachweislich Ihren Husten. Es hilft!

Wovon wird der Kaffee süß?
Vom Zucker oder vom Umrühren?
(Jüdisches Sprichwort)

Österreichische Kaffeespezialitäten

Die Kaffeehauskultur reicht bis ins 17. Jahrhundert zurück. Bestellen Sie niemals einen Kaffee, wenn Sie in ein Kaffeehaus gehen! Man trinkt nicht einfach nur Kaffee, Sie haben die Qual der Wahl. Sie können unter mindestens 50 verschiedenen Zubereitungsarten wählen. Schließlich sollte man Traditionen nicht brechen. Das Kaffeehaus ist etwas ganz besonderes. Stundenlang darf man sitzen, der Herr »Karl« oder der Herr »Franz« bedient sie gerne, schließlich gehört es zum immateriellen Kulturerbe der Unesco, dass man an diesem Ort auch lesen, spielen, Nachhilfeunterricht geben oder einfach unverfänglich plaudern darf.

Kaffee wird angerichtet in Schalen oder Gläsern, vor allem aber variiert es bei der Zugabe von Milch, Schlagobers, Zucker oder Spirituosen.

Kleiner oder großer Schwarzer

Das ist ein mit heißem Wasser unter Druck hergestellter Kaffee, einfach oder doppelt. So entsteht ein tiefschwarzer Mokka, der bitter schmeckt.

Kleiner oder großer Brauner

Er wird in einem Porzellankännchen serviert. Es wird einfach Milch oder Schlagobers hinzugegeben. Der Gast kann somit das Mischverhältnis selbst bestimmen.

Verlängerter

Das sagt der Name schon. Ein Schwarzer oder Brauner wird mit der gleichen Menge an heißem Wasser verlängert, sprich verdünnt.

Kapuziner

Aus dem Kapuziner in Italien entstand der Cappuccino. Er wurde so genannt, weil wenige Tropfen Schlagobers auf einen kleinen Mokka geträufelt wurden. Dadurch erhielt er die Farbe einer Kapuzinerkutte. Diese farbliche Gedankenverbindung ist Wilhelm Tissot aufgefallen, der im 18. Jahrhundert gelebt hat. Er brühte daraufhin seinen eigenen köstlichen Kapuzinerkaffee – der Vorfahre unseres heutigen Cappuccinos. 1937 wurde das Rezept zum Patent angemeldet. Es wurde im Laufe der Zeit immer wieder mal verfeinert.

Jetzt fragen Sie sich sicher, was ein Mönch mit Cappuccino zu tun hat? Jeder kennt ihn, jeder mag ihn. Woher kommt der Cappuccino? Jetzt sind Sie enttäuscht – er kommt nicht aus Italien, sondern aus Österreich! Der Name Kapuziner geht auf den Mönchsorden der Kapuziner zurück. Die Legende sagt, dass österreichische Soldaten im 19. Jahrhundert in Italien stationiert waren. Sie wollten nicht auf ihr Lieblingsgetränk Kapuziner verzichten. Die Italiener wandelten ihn ein wenig ab, die Basis bildet der Espresso, und aus Kapuziner wurde Cappuccino, was nichts anderes heißt als: Kapuze.

Fiaker

Das ist ein großer Mokka, der im Glas mit viel Zucker und einem Schnapsglas Sliwowitz oder Rum serviert wird. Schließlich musste man sich warm und wach halten. Eine Haube mit Schlagobers drauf rundet das Getränk ab. Dadurch wird der Kaffee schneller kalt und muss dementsprechend auch schneller getrunken werden. Das kam den Kutschern sehr gelegen, die dem Kaffee den Namen Fiaker gaben. Schließlich hieß das Gefährt Fiaker mit einem Pferd.

Wiener Melange

Die Wiener Melange besteht zu gleichen Teilen aus Kaffee oder Espresso und aufgeschäumter Milch. Letztere wird in einem großen Glas mit Zucker oder Honig vermischt. Das Wort Melange ist vom Französischen abgeleitet und heißt so viel wie Mischung. Bei der Kaisermelange färbt ein Eidotter statt der Milch den Kaffee.

Eiskaffee

Köstlich! Kann man zu jeder Jahreszeit trinken! Er besteht aus drei gleichen Teilen: Kalter Kaffee, Eis, meist Vanilleeis, Schlagobers. Er wird in einem hohen Glas mit Strohhalm und Löffel serviert.

Mazagran

Ein geeister, starker Mokka mit Maraschinolikör, Zitrone, Gewürzen, flüssigem Zucker und einem Eiswürfel. Das geht schon fast in Richtung Bargetränk. Benannt ist dieser Kaffee nach einem Trinkgefäß aus Algerien.

Einspänner

Sein Name geht auf die einspännigen Pferdefuhrwerke zurück. Deren Kutscher haben damals den Kaffee in der einen, die Zügel in der anderen Hand gehalten. Der Kaffee ist ein kleiner Mokka mit sehr viel Schlagobers und Staubzucker. Wichtig! Er wird nicht umgerührt. Stattdessen wird der heiße Kaffee durch das kalte Schlagobers getrunken. Die dicke Schicht Schlagobers sorgte dafür, dass der Kaffee lange heiß bleibt. Außerdem wird der Einspänner üblicherweise in einem Becher mit Henkel serviert.

Kleines Schalerl Gold

Es ist eine Kaffeezubereitung bestehend aus einem Mokka, aufgegossen mit heißer Milch und einer sanften Milchschaumhaube. Diese Spezialität trinkt man aus einer kleinen Schale. Wenn Sie möchten, dass die Geschmacksnuancen noch besser herauskommen, lassen Sie sich das Schalerl Gold in einer dünnen Teetasse servieren.

Franziskaner

Diese Zubereitung wird in einer großen Schale oder auch einem dicken Glas, genannt Laufglas, serviert. Der Franziskaner besteht aus einem etwas verlängerten Mokka den man mit warmer Milch und Schlagobers, jeweils zu gleichen Teilen genießt. Liebevoll kann man noch ein paar Schokostreusel drüberstreuen. Kaiserin Maria Theresia mochte es hochprozentig. Sie gab einen sehr großzügigen Schuss Orangenlikör und Weinbrand in ihren verlängerten Mokka, Zucker und ein Schlagobersgupf obendrauf und mit Orangenzesten verfeinert.

Zarenkaffee

Diese Zubereitung ist absolut österreichisch! Es handelt sich um einen einfachen Mokka mit einer Haube aus gezuckertem und verquirltem Eigelb. Dadurch schwimmt sozusagen ein Teil eines Kuchenstücks direkt im Kaffee, bildlich gesprochen.

Meisterkaffee

Hierbei handelt es sich um eine Schale Kaffee mit Weinbrand, die extra im Schwenker serviert wird. Früher leisteten sich Meister nach getaner Arbeit dieses Kaffee-Weinbrand-Duo.

Obermaier

Das Cafe Sperl serviert einen ganz besonderen Mokka. Leicht gesüßt mit über den Löffelrücken gegossenen kaltem Obers. Er wird heiß durch das kalte

Obers getrunken – die beiden dürfen sich erst beim Trinken vermischen.

Rüdesheimer

Weinbrand wird mit Zucker flambiert und mit Mokka abgelöscht. Das Schlagobers wird mit Vanille gewürzt und mit Schokostreuseln in einer Rüdesheimer Tasse aus Steingut serviert.

Pharisäer

Dieser Kaffee besteht aus Rum, Zucker und Schlagobers. Es gibt eine nette Legende zum Pharisäer: Eine Geschichte von findigen Friesen. Überall dort, wo man nicht redet, sondern schnackt, wo »Schietwetter« eine Umschreibung für einen typischen Sommertag ist und jedes S wie ein Peitschenknall durch die Zähne zischelt, ist der Pharisäer zuhause. Also im hohen Norden. Angeblich wurde er auf der Insel Nordstrand geboren.

Dort soll ein Pastor entsetzt darüber gewesen sein, dass die Einheimischen trinken als stünde die Sintflut bevor. Also hat er von der Kanzel gewettert und auch noch ein scharfes Auge auf seine Schäfchen behalten haben.

Da sich Friesen aber ganz sicher nicht verhohnepiepeln und schon gar nicht am Trinken hindern lassen, haben sie sich unter den Augen des Pastors heimlich besoffen. Es war eine Geburtstagsfeier, Kaffee wurde in blickdichte Tassen eingeschenkt. Ein Löffelchen Zucker und ein ordentlicher Schluck Rum kam hinzu. Das sollte natürlich keiner bemerken, vor allen Dingen nicht der Geistliche. Deshalb kam noch eine große Sahnehaube obendrauf.

Das hat keiner bemerkt, selbst Herr Pastor waren ahnungslos. Er wunderte sich nur, warum die Gäste immer lustiger wurden. Dumm nur, dass er irgendwann auch so eine Tasse Kaffee in die Hand bekam. Angesichts so viel Schwindels soll er »Ihr Pharisäer!« ausgerufen haben.

Und so wird er richtig zubereitet:

Starker, frisch gebrühter Kaffee, mindestens (!!) 4 cl brauner Jamaika-Rum, pro Tasse ein Würfel Zucker, frisch geschlagene, ungesüßte Sahne.

Denken Sie jetzt an Irish Coffee? Richtig! Viele Menschen, die nah an der See und fern von wärmender Sonne leben, haben sich überlegt, wie sie die kalten Tage und Nächte gut überstehen. Und Österreich liegt ja mittendrin, oder?

Mokka gespritzt

Ein kleiner oder großer Mokka wird mit einem Schuss Weinbrand oder auch Cognac verfeinert.

Schale braun

Eine Schale ist ein Wiener Ausdruck für eine Tasse, Verkleinerungsform Schalerl. Kaffee und Milch im Mischverhältnis eins zu eins.

Schale Nuss

Ein kleiner oder großer Mokka wird mit Obers so vermischt, dass er eine nussbraune Farbe erhält. Das ergibt ein sehr mildes und bekömmliches Getränk.

Séparée

Das hat nichts mit dem berühmten Chambre séparée zu tun, im Gegenteil: Kaffee und Obers werden ganz brav in getrennten Kännchen serviert, der Gast kann dann selber mischen.

Steirisch Kaffee

Vier Stück Würfelzucker und vier cl Kaffeelikör, flambieren und danach mit einem großen Mokka ablöschen. Schlagobershaube und mit Nüssen garnieren.

Türkischer Kaffee

Der türkische Kaffee ist feinst gemahlen, er wird mit Staubzucker vermengt und in ein türkisches Kännchen gegeben. Mit Wasser auffüllen, dreimal aufwallen lassen, mit Kardamom würzen und mit einem Stück Rahat (Fruchtgelee) genießen.

Advocat

Bei diesem Kaffee spielt Eierlikör eine große Rolle. Espresso, Milchschaum und Schokoflocken gehen in einem Glas eine reizvolle Verbindung ein.

Amadeus

Basis ist wieder ein großer Mokka, der mit dem Mozartlikör gemischt wird. Dieser Likör basiert auf feinem Kakao, frischer Sahne und herrlich viel Schokolade. Dieser Sahnelikör wird in Salzburg hergestellt. Schlagobers obendrauf und mit Pistaziensplittern verziert – hmmm.

Brulot (Glühbranntwein)

Übergießen Sie Zitronen- und Orangenschale, Zucker, Zimt und Nelken mit Grand Marnier, alles zusammen mit Kaffee kurz aufkochen, in Tassen abseihen, flambieren und servieren.

Cold Brew Kaffee

Bei der Cold Brew-Methode wird der Kaffee mit kaltem Wasser zubereitet und ist somit ideal für heiße Tage.

Zutaten:

110 g Kaffeebohnen (Arabica)

1 l gefiltertes kaltes Wasser

Zubereitung:

Kaffeebohnen grob mahlen. Das Wasser in eine Karaffe geben. Das Kaffeepulver zum Wasser geben und gut verrühren. Karaffe abdecken und bei Zimmertemperatur für mindestens 12 Stunden ziehen lassen. Den Kaffee durch einen Filter gießen und genießen!

Tipps zum Rezept

Den kalten Kaffee entweder pur mit ein paar Eiswürfeln oder mit etwas Milch genießen. Cold Brew Kaffee zum Aufbewahren in eine Flasche füllen, im Kühlschrank ist dieser für 1 bis 2 Wochen haltbar.

Eiskaffee gerührt

Ohne Schlagobers, super lecker und schnell zubereitet.

Zutaten:

100 ml doppelter Espresso
25 ml Kondensmilch
100 ml Vollmilch
3 Stück Eiswürfel
1 TL Ahornsirup

Zubereitung

Kaffee zubereiten und in den Kühlschrank stellen. Sobald der Kaffee kalt ist, Eiswürfel in ein Glas Füllen und mit dem Kaffee aufgießen. Ahornsirup, Kondens- und Vollmilch einrühren und den Eiskaffee gerührt mit einem Trinkhalm servieren.

Bumble Coffee

Das ist ein Kaffee mit Orangensaft – trendig!

Zutaten:

180 ml frisch gebrühten Espresso
2 Orangen
6 Eiswürfel
1 TL Vanillesirup

Zubereitung:

Espresso zubereiten und abkühlen lassen. Orangen halbieren und den Saft auspressen. Eiswürfel in Gläser füllen, Orangensaft hineingießen. Espresso langsam in die Gläser füllen, sodass zwei Schichten entstehen. Servieren und genießen!

Marzipan-Sherry-Kaffee

Machen Sie es sich gemütlich; für 4 Gläser à 250 ml brauchen Sie:

500 ml Milch
1 bis 2 TL milder Honig
1 TL fein abgeriebene Bio-Orangenschale
gemahlene Muskatblüte
125 g Marzipan-Rohmasse
75 g Sahne
4 frisch gebrühte Espressi
2 bis 3 EL Cream Sherry

Zubereitung: Milch, Honig, Orangenschale und eine Prise Muskatblüte in einem kleinen Topf erhitzen. Marzipan in der Milch unter Rühren schmelzen. Sahne unterrühren. Auf vier vorgewärmte Gläser verteilen, Espressi und Sherry zugießen. Sofort heiß servieren.

Wiener Mehlspeisen

Wien schmeckt süß. Ob kalt oder warm, als Haupt- oder Nachspeise – es schmeckt immer.

Apfelstrudel

Was meinen Sie? Sollte die Fülle im Apfelstrudel mit oder ohne Brösel zubereitet werden? Probieren Sie es aus, genießen Sie ... kosten Sie ...

Zutaten

Es gibt mittlerweile sehr gute fertige Strudelteige – wenn Sie ihn selbst machen wollen, hier ist ein einfaches Rezept:

250 g glattes Mehl
60 ml Öl
125 ml Wasser
1 Prise Salz

Das Mehl mit dem Wasser, Salz und Öl vermischen; dann kräftig kneten, ist der Teig zu flüssig, mehr Mehl hinzufügen, ist er zu trocken, mehr Wasser hinzugeben. Die daraus entstandene Teigkugel mit Öl bestreichen und auf ein mit Mehl bestäubtes Brett legen. Mit einer aufgewärmten Pfanne, welche noch mit Küchentüchern zugedeckt wird, abdecken und mindestens eine halbe Stunde rasten lassen. Dann den Teig auf einem befeuchteten Tuch ganz dünn ausziehen.

Der Teig sollte so dünn werden, dass man eine Zeitung darunter lesen könnte.

Füllung
1,5 kg Äpfel
Saft einer Zitrone
60 g Rosinen, die Sie in Rum eingelegt haben (muss aber nicht sein!)
200 g flüssige Butter
100 g Zucker
2 EL Vanillezucker
100 g Biskuitbrösel
1 Prise Zimtpulver
Butter zum Bestreichen
Staubzucker
1 Ei zum Bestreichen

Zubereitung
Äpfel schälen, entkernen und in hauchdünne Scheibchen schneiden. Achten Sie darauf, dass die Äpfel nicht zu wässrig, sondern eher trocken sind, damit der Strudel schön knusprig bleibt. Mit Zitronensaft beträufeln.

In einer Schüssel mit Rosinen und 2 EL Zucker sowie 1 EL Vanillezucker vermischen. Den ausgezogenen Strudelteig mit der Hälfte der zerlassenen Butter bestreichen, in der restlichen Butter die Brösel anrösten. Butterbrösel, restlichen Zucker sowie Vanillezucker und Zimt vermischen und Strudel damit bestreuen.

Die Apfelmischung gleichmäßig darauf verteilen und den Strudel mit Hilfe des Tuches einrollen. Enden gut verschließen. Strudel mit der Teignaht nach unten auf ein gefettetes Backblech gleiten lassen. Mit zerlassener Butter oder versprudeltem Ei bestreichen und im vorgeheizten Backofen bei 180 °C etwa 30 bis 40 Minuten backen.

Den Apfelstrudel leicht abkühlen lassen und mit Staubzucker bestreuen. Als warmes Hauptgericht oder kalt servieren.

Garniturempfehlung: warme Vanillesauce oder Schlagobers

Sachertorte

1832 hat Fürst Metternich seine Hofküche beauftragt, ein besonderes Dessert zu kreieren. Da der Chefkoch krank war, ließ sich der damals 16-jährige Lehrling Franz Sacher (1816 bis 1907) etwas einfallen: Die heute weltberühmte Original Sachertorte war geboren ...

Zutaten

140 g zimmerwarme Butter

110 g Staubzucker (Puderzucker)

½ Vanilleschote

6 Eidotter

6 Eiklar (Eiweiß)

130 g Schokolade
110 g Zucker
140 g glattes Mehl
200 g Marillenmarmelade (Aprikosenmarmelade)
Butter (für die Form)
Mehl (für die Form)
Schlagobers (süße Sahne) als Garnitur

Für die Glasur
200 g Zucker
125 ml Wasser
150 g Schokolade

Zubereitung
In einer Schüssel weiche Butter mit Staubzucker und Vanillemark cremig rühren. Eidotter nacheinander langsam einrühren und alles zu einer dickschaumigen Masse schlagen. Schokolade im Wasserbad schmelzen lassen und unterrühren. Eiklar steif schlagen, dabei den Kristallzucker einrieseln lassen und so lange weiterschlagen, bis der Schnee schnittfest und glänzend ist. Schnee auf die Dottermasse häufen, das Mehl darüber sieben und mit einem Kochlöffel alles vorsichtig vermengen.

Den Boden einer Springform mit Backpapier auslegen und den Tortenrand mit Butter ausstreichen sowie mit Mehl ausstreuen. Masse einfüllen, glatt streichen und im vorgeheizten Backofen bei 170 °C 55 bis 60 Minuten backen. Dabei die ersten 10 bis 15 Minuten die Backofentür einen Finger breit offenlassen, dann schließen. (Der Kuchen ist richtig durchgebacken, wenn ein leichter Fingerdruck sanft erwidert wird.)

Torte mit der Form auf ein Kuchengitter stürzen und etwa 20 Minuten abkühlen lassen. Dann Papier abziehen, Torte umdrehen und in der Form völlig erkalten lassen, um die Unebenheiten der Oberfläche zu glätten. Aus der Form lösen und mit einem scharfen Messer waagrecht halbieren. Marmelade leicht erwärmen, glatt rühren, beide Tortenböden damit bestreichen und wieder zusammensetzen. Rundherum ebenfalls mit Marmelade bestreichen und etwas antrocknen lassen.

Für die Glasur Zucker und Wasser 5 bis 6 Minuten sprudelnd aufkochen, dann leicht abkühlen lassen. Schokolade im Wasserbad schmelzen und unter Rühren nach und nach mit der Zuckerlösung vermischen, bis eine dickflüssige, glatte Glasur entsteht. Glasur auf einmal in einem einzigen raschen Guss, über die Torte gießen und mit so wenigen Strichen wie möglich mit einer Palette rundum glatt verstreichen. Einige Stunden trocknen lassen, bis die Glasur wirklich erstarrt ist. Portionieren und mit geschlagenem Obers servieren.

Tipp

Um die richtige Konsistenz der Glasur zu überprüfen, lassen Sie sie über einen Holzkochlöffel laufen. Dieser sollte dann von einer etwa 4 mm dicken Glasurschicht bedeckt bleiben. Gerät die Glasur zu dick, so kann sie durch einige Tropfen aus dem Zuckerrückstand im Topf nochmals mit wenig heißem Wasser verdünnt werden. Achten Sie auch darauf, dass die Glasur nicht zu heiß wird – sie bleibt sonst nach dem Trocknen stumpf und keinesfalls glänzend.

Garniturempfehlung

In der Regel wird die Sachertorte nicht verziert, nur im Hause Sacher wird sie mit dem berühmten Tortensiegel belegt.

Kaiserschmarrn

Der Kaiserschmarrn wird aus Palatschinkenteig zubereitet und zählt – nach der Sachertorte – zu den bekanntesten Süßspeisen der Wiener Küche.

Eine der vielen Legenden um die Herkunft des Kaiserschmarrns besagt, dass Kaiser Franz Joseph I. zum Nachtisch gerne Palatschinken aß. Wenn diese dem Koch nicht gut gelangen, weil sie zu dick oder zerrissen waren, reichte man sie dem Personal als Kaiserschmarrn, da sie für den Kaiser nicht geeignet waren (a Schmarrn, des am Kaiser zu servieren).

Zutaten
250 ml Milch
6 Eiklar
6 Eidotter
130 g glattes Mehl
2 EL Zucker
Schuss Rum
1 EL Vanillezucker
etwas Zitronensaft
2 EL Rosinen (wer es mag)
Prise Salz zum Bestreuen
Zucker oder auch Staubzucker

Zubereitung
In einer Schüssel Eiklar mit Zucker zu Schnee schlagen. In einer anderen Schüssel Milch, Mehl, Eidotter, Zitronensaft, Rum, Vanillezucker und eine Prise Salz glatt rühren. Schnee unter den Teig heben. In einer großen feuerfesten Pfanne etwas Butter erhitzen und den Teig eingießen. Zuerst am Herd anbacken, wenden und dann beidseitig im vorgeheizten Backrohr bei 180 °C braun backen. Pfanne aus dem Rohr nehmen und Teig mit zwei Gabeln in kleine Stücke reißen. Rosinen einmengen, mit Kristallzucker bestreuen und nochmals kurz im Rohr karamellisieren. Mit Staubzucker bestreuen und auftragen.

Dazu passt ein köstlicher **Zwetschgenröster**:

Zutaten
500 g Zwetschgen (Pflaumen)
100 g Zucker
100 ml Rotwein
Prise Zimt
½ Orange (Schale, in größere Streifen geschnitten)
Saft einer Zitrone

Zubereitung
Die Zwetschgen halbieren und entkernen. Den Zucker hell karamellisieren, mit Rotwein ablöschen und auf die Hälfte einkochen lassen. Zwetschgen, Prise Zimt, Orangenschalenstücke zugeben und ca. 8 bis 10 Minuten köcheln lassen. Mit Zitronensaft abschmecken und Orangenschale wieder entfernen. Kalt stellen.

Buchteln mit Vanillesoße

Die Wiener Süßspeisen-Küche ist multikulturell. Das Hefegebäck »Buchtel« beispielsweise stammt aus der böhmisch-tschechischen Küche, wo sie »buchtičky« heißt.

In Wien wurde die Buchtel in der Biedermeierzeit durch einen geschäftstüchtigen Wirt populär: Ursprünglich waren Hefeteig-Spezialitäten in Wien mit Marmelade oder Früchten gefüllt. Der schlaue Wirt füllte die Buchtel mit Lotteriescheinen und verkaufte sie um einen angemessenen Preis. Die Wiener waren begeistert: Ganz Wien kaufte Buchteln! Die Buchtel ist auch heute noch beliebt. Besonders köstlich schmeckt sie mit Vanillesauce.

Zutaten
100 ml Milch
250 g Mehl
35 g Zucker
10 g Germ (Hefe)
40 g weiche Butter
2 Eidotter
Salz
geriebene Schale einer halben Zitrone
Mehl für die Arbeitsfläche
flüssige Butter
Staubzucker zum Bestreuen

Für die Vanillesauce
3 Eidotter
150 ml Milch
125 ml Schlagobers
60 g Zucker
½ Vanilleschote aufgeschnitten

Zubereitung
Aus lauwarmer Milch, Germ und einem Drittel des Mehls ein Dampfl ansetzen. Mit wenig Mehl bestäuben und mit einem Tuch zugedeckt an einem warmen Ort

gehen lassen. Dann restliches Mehl, Zucker, Eidotter, Zitronenschale sowie eine Prise Salz zugeben und zu einem halbfesten Teig abschlagen. Zum Schluss die Butter einarbeiten. Mit einem Tuch bedeckt erneut aufgehen lassen, bis sich das Volumen kräftig vergrößert hat. Teig auf eine bemehlte Arbeitsfläche geben und etwa 2 cm dick auswalken.

Aus dem Teig Scheiben mit ca. 6 cm Durchmesser ausstechen und die Teigenden nach oben zusammenschlagen. Nun jede Buchtel einzeln in flüssige Butter tauchen und mit der Teignaht nach unten dicht nebeneinander in eine gut eingefettete Form setzen. Im vorgeheizten Backofen bei 180 °C etwa 20 bis 30 Minuten goldgelb backen. Portionieren und vor dem Servieren mit Staubzucker bestreuen. Für die Vanillesauce Milch mit Vanilleschote aufkochen und 5 Minuten ziehen lassen. Dotter mit Zucker verrühren, Milch (ohne Vanilleschote) nach und nach darunter rühren und bei mäßiger Hitze so lange rühren, bis die Sauce leicht bindet. Topf in ein Geschirr mit Eiswasser stellen und abkühlen lassen. Währenddessen ab und zu rühren. In die erkaltete Sauce das halbfest aufgeschlagene Obers unterrühren.

Tipp

Die Buchteln können auch gefüllt werden, indem man auf die rohen Teigscheiben etwas Powidl- oder Marillenmarmelade aufträgt und die Teigenden erst dann zusammenschlägt.

Powidl Liwanzen

Dabei handelt es sich um eine schmackhafte Süßspeise der Wiener Küche. Doch was genau verbirgt sich dahinter? Der Powidl stammt ursprünglich aus Böhmen und bezeichnet eine spezielle Zwetschkenmarmelade (Pflaumenkonfitüre). Auch die Liwanzen – beidseitig gebackene Hefe-Pfannkuchen – sind böhmischen Ursprungs. In Kombination ergeben beide Köstlichkeiten die Powidl-Liwanzen. Für eine optimale Zubereitung eignet sich eine Liwanzen-Pfanne, eine gusseiserne Pfanne mit runden Vertiefungen. Man kann aber auch einfach Metallringe verwenden und diese in eine handelsübliche Pfanne setzen.

Zutaten

20 g geschmolzene Butter
15 g Germ (Hefe)
20 g Zucker (für das Dampfl)
180 ml lauwarme Milch
130 g Mehl
2 Eidotter
2 Eiklar
100 g Butterschmalz oder Butter

100 g Powidl
100 g Zucker (zum Karamellisieren)
½ Vanilleschote
½ unbehandelte Zitrone
Staubzucker (zum Bestreuen)
Prise Salz

Zubereitung

Germ, Zucker und Salz in der lauwarmen Milch auflösen. Das gesiebte Mehl in der Milch glatt rühren und dann Eidotter, Vanillemark, Zitronenschale und geschmolzene Butter zugeben. Zugedeckt bei Raumtemperatur eine Stunde gehen lassen. Eiklar steif schlagen und unterziehen.

In eine Liwanzenpfanne geben, es geht auch eine normale beschichtete Pfanne. Diese etwas rütteln, damit sich die Masse gut verteilt. Liwanzen etwa 5 Minuten ziehen lassen, wenden und ausbacken. Herausheben, je eine Liwanze mit Powidl bestreichen und mit einer unbestrichenen zusammensetzen. Zucker in einer Pfanne erhitzen, karamellisieren lassen und dünn über die Liwanzen träufeln. Mit Staubzucker bestreuen.

Tipp

Wenn Sie dazu Zwetschgenröster servieren, gerät dieses Dessert noch raffinierter. Statt mit Powidl können die Liwanzen auch mit einer Creme aus Topfen, Eidotter, Crème fraîche, Zucker und einem Schuss Rum gefüllt werden.

Punschkrapferl

Zutaten
6 Eier
240 g Staubzucker
1 Päckchen Vanillezucker
abgeriebene Zitronenschale
200 g Mehl
1 Prise Salz
40 ml Grand Marnier
150 g Marillenmarmelade

Zutaten für die Glasur
rosa Lebenmittelfarbe
400 g Fondant
1 Schuss Wasser

Zubereitung
Eier trennen. In einer Schüssel Dotter mit Staubzucker, Vanillezucker und abgeriebener Zitronenschale cremig schlagen. Man sollte schon mindestens 4 bis 5 Minuten mixen, so wird es schön flaumig. Eiklar und Salz zu Schnee schlagen. Mehl und Eischnee unter die Dottermasse heben. Ein Blech mit Backpapier belegen und die Masse aufstreichen. Im vorgeheizten Backofen

bei 200 °C ca. 8 bis 10 Minuten backen. Aus dem Biskuit zwei Böden schneiden. Einfach jeweils die Hälfte vom Blech nehmen, Ränder wegschneiden. (Die Ränder für die Punschmasse verwenden). Für die Punschmasse das restliche Biskuit bzw. die Masse, die übrig bleibt – kleinwürfelig schneiden und mit Marmelade und Grand Marnier in einer Schüssel vermischen und 30 Minuten stehen lassen.

Einen Biskuitboden dünn mit Marillenmarmelade bestreichen. Den anderen Böden mit der fertigen Punschmasse bestreichen. Nun miteinander zusammenkleben, so dass die Marmelade- und die Punschmasse in der Mitte sind.

Die Punschschnitten leicht pressen und für eine Stunde kühlen. Danach mit einem Ausstecher eckig ausstechen. Jeden Krapfen mit Marmelade rundum bestreichen.

Der fertige Fondant wird mit einem Schuss Wasser und rosa Lebensmittelfarbe aufgewärmt. Die Punschkrapfen damit überziehen.

Marmor Guglhupf

Eine Wiener Mehlspeise mit viel Tradition ist der Marmor Gugelhupf. Dabei handelt es sich um einen Napfkuchen mit Marmormuster. Das mittelhochdeutsche Wort »gugel« bedeutet Kapuze und deutet auf die Form dieser Wiener Köstlichkeit mit der schönen Marmorierung hin. In der Biedermeierzeit trat der Gugelhupf von Wien aus seinen Weg um die Welt an.

Damals durfte die fein bezuckerte Süßspeise auf keinem bürgerlichen Jausentisch fehlen. Heute wird er gerne zu jeder Tageszeit zu Kaffee und Tee serviert. Schon Kaiser Franz Joseph liebte ihn als Frühstückskuchen.

Zutaten

250 g Staubzucker
1 Prise Salz
8 g Vanillezucker
250 g handwarme Butter
1 Schuss Rum
5 Eier
150 g Mehl
100 g Stärke
5 g Backpulver
40 g Kakao
Butter und Mehl für die Form
Staubzucker zum Bestreuen

Zubereitung

Staubzucker, eine Prise Salz, Vanillezucker und Butter schaumig rühren. Den Rum hinzufügen. Anschließend die Eier nach und nach einrühren. Die Masse halbieren und in zwei Schüsseln bereitstellen. Mehl, Stärke und Backpulver miteinander vermischen und ebenfalls auf zwei Schüsseln aufteilen. In eine der beiden Massen Kakao hinzufügen und verrühren.

Anschließend jeweils mit einem Teil der Grundmasse vermengen.

Gugelhupfform mit Butter ausstreichen und mit Mehl ausstreuen. Die Massen abwechselnd in die Form füllen. Nun einen Kochlöffel durch die Masse ziehen, um die zwei Massen zu vermischen und die typische Marmorierung zu erhalten. Im vorgeheizten Backofen bei 180°C ca. 1 Stunde backen.

Nach dem Backen aus der Form am besten auf ein Kuchengitter stürzen, abkühlen lassen und mit Staubzucker bestreuen.

Kardinalschnitten

Die Kardinalschnitte ist eine beliebte Süßspeise der Wiener Küche und schmeckt himmlisch – im wahrsten Sinne des Wortes. Den Namen hat das wienerische Dessert nämlich seiner Optik zu verdanken. Der Biskuitteig in Kombination mit Eischnee spiegelt die katholischen Kirchenfarben – gelb und weiß – wider.

Zutaten

Für die erste Masse:

350 g Eiklar

240 g Staubzucker

1 TL Vanillezucker

Prise Salz

Staubzucker (zum Bestreuen)

Für die zweite Masse:
3 Eier
4 Eidotter
80 g Staubzucker
abgeriebene Zitronenschale
75 g Mehl

Für die dritte Masse:
400 ml Schlagobers
2 Blätter Gelatine
40 g Staubzucker
2 EL Löskaffeepulver
2 cl Eierlikör
Prise Salz
300 g frische Himbeeren
3 cl Himbeerbrand
1 Handvoll geröstete Mandelblättchen

Zubereitung

Für die erste Masse aus Eiklar, Staubzucker, Vanillezucker und Salz einen schmierig-festen Schnee schlagen.

Für die zweite Masse die Eier mit Dottern, Staubzucker und Zitronenschale schaumig rühren und Mehl einmengen. Zwei je 14 mal 35 cm große Backpapierstreifen zuschneiden und auf ein Backblech legen. Schnee mit einem Dressiersack mit großer runder Tülle auf jedes Backpapier in je 3 Streifen mit jeweils 2 cm Zwischenraum spritzen. Dottermasse ebenfalls mit Hilfe des Dressiersacks in die Zwischenräume einspritzen und alles dick mit Staubzucker bestreuen. Im vorgeheizten Backofen bei 180 °C und leicht geöffneter Backofentür backen (die Masse sollte eher trocknen).

Abkühlen lassen, auf eine Platte stürzen und Papier abziehen.

Für die dritte Masse die Himbeeren mit Himbeerbrand marinieren. Obers mit Löskaffee steif schlagen. Gelatine einweichen, ausdrücken und in erhitztem Eierlikör auflösen. Gemeinsam mit Staubzucker und Salz in das Obers einrühren und kühl etwas stocken lassen. Die Hälfte davon mit Hilfe des Dressiersacks auf eine Schicht aufspritzen, mit den marinierten Himbeeren belegen und restliche Masse aufspritzen. Zweite Schicht auf die Creme legen, mit gerösteten Mandelblättchen und zum Schluss mit Staubzucker bestreuen. Mit einem scharfen Messer portionieren.

Beugel, Mohn- oder Nussbeugel

Zutaten
200 g Mehl
300 g Milch
60 g Germ (Hefe)
120 g Zucker
400 g Butter
2 Eigelb
Salz, Vanille, Zitrone

Mohnfülle
250 g Milch
200 g Zucker
100 g süße Brösel
500 g gemahlener Mohn
60 g Honig
50 g Rum
geriebene Zitronenschale
Zimt

Nussfülle
250 g Milch
200 g Zucker
100 g Butter
200 g Süße Brösel
500 g geriebene Nüsse
40 g Rum
Geriebene Zitronenschale
Zimt
Vanille

Eistreiche
2 Eigelb 1 Ei
Salz

Zubereitung:

Für den Teig:

Den Germteig direkt und kalt herstellen (die Zutaten mit der kalten Flüssigkeit, ca. 4 °C, mischen und kurz kneten, damit die Beugel ihre Triebkraft erst beim Backprozess entfalten). Anschließend kühle Teigruhe.

Teigstücke auswiegen, schleifen und entspannen lassen.

Oval ausrollen und je 50 g Mohn- oder Nussfüllung darauf legen oder aufdressieren. (»Aufdressieren« heißt beim Dekorieren einfach nur: Sahne, Creme oder Topping mittels Spritzbeutel auf ein Gebäck aufspritzen.)

Den Teig straff darüber ziehen, andrücken und zigarrenförmig rollen.

In Beugelform (Mohnbeugel spitz und Nussbeugel rundlicher) mit dem Schluss nach unten auf mit Backpapier belegte Bleche wegsetzen.

Mit Eistreiche bestreichen, abtrocknen lassen, nochmals bestreichen und wieder abtrocknen lassen.

Bei leicht geöffnetem Ofen backen. Backtemperatur: 200 °C, Backzeit: 20 Minuten

Für die Füllung:

Milch mit Zucker und Butter aufkochen lassen, Brösel und Nüsse oder Mohn einrühren und auskühlen lassen. Mit Rum, Zitronenschale und Zimt (und Vanille) abschmecken.

ZUCKER GOSCHERL

1. Bezirk (Innere Stadt) – Café Engländer

CAFÉ
ENGLÄNDER
WIEN
CAFÉ ENGLÄNDER

1. Bezirk (Innere Stadt)
Café Engländer

Um den ersten Bezirk führt die Ringstraße. Sie bildet die Grenze zu den Bezirken 3 und 9. Außerhalb liegt der »Gürtel«, der die inneren von den äußeren Bezirken trennt.

Das Café Engländer ist eines der besten Kaffeehäuser der Stadt, auch ein beliebter Treffpunkt für Zeitungsleser, auch für Nachtschwärmer und für Individualisten.

Ein reichhaltiges Frühstück verwöhnt Sie bis 11 Uhr; am Wochenende können Sie sogar bis 15 Uhr frühstücken. Auch sonst lässt sich die Speisekarte durchaus sehen.

Das »Engländer« ist ein klassisches, aber modern gediegenes Kaffeehaus – das Wohnzimmer von illustren Größen.

Hermann Steigholzer errichtete 1937 das Café Windhaag in der Postgasse. Das Gebäude war im Stil der »Neuen Sachlichkeit« erbaut. Gegründet hatte es Fredl Engländer, ein Lebenskünstler, aus gutem Hause. Er war zwar faul, genoss aber ein gewisses Ansehen, schließlich hatte er Charme. Deshalb zählten wohl auch die Künstler Karl Farkas oder Maxi Böhm zu den Stammgästen.

Das »Engländer« war bekannt für seine großzügigen Öffnungszeiten. Anfang der 90er Jahre war allerdings Schluss mit dem »Windhaag«.

Attila Corbaci und Christian Wukonigg zauberten im Jahre 1991 aus dem ehemaligen Café das »Engländer«, benannt nach dem Windhaag-Gründer ein schickes Kaffeehaus mit Loungebereich, Billardzimmer und einer Bar des bekannten Künstlers Walter Pichler. Vieles wurde übernommen, jedoch aufgepeppt und mit Edlerem ergänzt.

Im Jahr 2002 eröffnete Christian Wukonigg das »Engländer« erneut. Es gelang ihm, dem Café eine Art Kultstatus zu geben. Die Einrichtung ist auf den ersten Blick zurückhaltend, eher unspektakulär. Schaut man genauer hin, vermittelt es eine gewisse Erhabenheit und Eleganz. Allein die nach eigenen Entwürfen gebauten Stühle, die rot und grün bezogenen Sitzbänke und die klassisch gekleideten Ober machen das »Engländer« zum echten Kaffeehaus. Von der Wand wacht bis heute die in Farbe verewigte Salomea Engländer über den Betrieb, die Gattin des Fredl Engländer.

Nachdem Sie ausgiebig gefrühstückt und das Flair des Cafés genossen haben, bietet es sich an, durch den 1. Bezirk zu flanieren. Besonders empfehlenswert ist der Besuch der Klosterkirche St. Hieronymus, genannt Franziskanerkirche. Sie ist eine römisch-katholische Klosterkirche und dem Heiligen Hieronymus geweiht. Das Gebäude steht unter Denkmalschutz. In der Kirche befindet sich die älteste funktionierende Orgel Wiens, die Wöckherl-Orgel. Das Instrument wurde 1642 während des 30-jährigen Krieges von Johann Wöckherl erbaut.

Im 18. Jahrhundert wurde der Hochaltar erneuert und die Orgel eingemauert. Ein neues Instrument hielt Einzug auf die Empore.

So blieb die »alte« Orgel gut geschützt und von jeglichen Restaurations- und Umbauarbeiten verschont. Sie ist heute noch im Original erhalten und kann sowohl bei offenen als auch bei geschlossenen Türen bespielt werden. Heute ist die Orgel durch den Altar gut versteckt. Sie kann nur durch eine Führung (jeden Freitag, 14 Uhr) über das Konvent aus besichtigt und gehört werden. Es erwartet Sie eine wundervolle Klang-Kostprobe.

Von der Postgasse bis zum Franziskanerplatz ist es ein kleiner Spaziergang.

Café Engländer
(Christian Wukonigg GmbH)
1010 Wien
Postgasse 2
Telefon: +43(0)1/ 96 68 665
cafe-englaender@chello.at
postgasse@cafe-englaender.com

Öffnungszeiten:
Montag bis Samstag, 8:00 Uhr bis 1:00 Uhr
(Küche bis 23:30 Uhr)
Sonntag und Feiertage 10:00 Uhr bis 1:00 Uhr
(Küche bis 23:30 Uhr)

So kommen Sie hin:
Vom Hauptbahnhof die U1 in Richtung Leopoldau, am Schwedenplatz aussteigen, entlang vom Donaukanal bis rechts in die Postgasse gehen.

Auch am neuen Standort, 2. Bezirk, gibt es ein Café Engländer:

Café Engländer am Praterstern
Praterstern 9
1020 Wien
Telefon: +43 1 2129654

Öffnungszeiten:
Montag bis Samstag, 08:00 Uhr bis 24:00 Uhr
Sonn- und Feiertag 10:00 Uhr bis 24:00 Uhr

praterstern@cafe-englaender.com
Web: www.cafe-englaender.com

ZUCKER GOSCHERL

2. Bezirk (Leopoldstadt) - Ponykarussell im Prater

PONYKARUSSELL

2. Bezirk (Leopoldstadt) – Ponykarussell-Café im Prater

Am Sonntag in den Prater mit der ganzen Familie! Einst ein kaiserliches Jagdrevier, das nur dem Adel zugänglich war, heute ein wundervoller Ort zum Spazierengehen, für die Kinder Karussell fahren und für die Erwachsenen einen Kaffee zu trinken.

Kaiser Josef II hat das Areal den Wienern als Erholungsgebiet geschenkt. Schnell gab es Verpflegungshütten, Kaffeesieder und Ringelspiele. Selbst Johann Strauß, seines Zeichens Walzerkönig, bemühte sich um die Gunst des Publikums. 1897 wurde das Riesenrad errichtet, vorher gab es allerdings schon das 1. Wiener Ponny-Caroussel. 129 Jahre drehten Ponys ihre Runden, bis es durch Tierschützer-Proteste geschlossen wurde. Der schöne Kuppelbau stand lange Zeit leer, als begehbare Zombie-Geisterbahn war es wohl wenig ansprechbar.

Neues erschaffen – Altes bewahren

Im Herbst 2020 schuf Silvia Maino ein kreatives Wunderwerk, sowohl in kulinarischer, als auch in optischer Hinsicht. Das Ponykarussell wurde komplett umgebaut. Der Name blieb. Es gibt eine Bodenheizung, moderne Sanitäranlagen und einen Gastgarten. Der Glanz vergangener Zeiten erstrahlt in neuem Gewand. Erhabene Fliesen aus Marokko liegen da genüsslich neben urbanen Metro-Fliesen. Die Tapete zieren Schmetterlinge, wilde Dschungelranken und Papageien, überall grünt und blüht es. Das Café ist wieder zum Leben erwacht.

Die Molzer-Orgel

Es gibt sie noch – gut erhalten. Nur wenige dieser sogenannten »Werkel« sind bis heute erhalten. Es gibt sogar noch die originalen Lochkarten dazu. Ferdinand Molzer (d. Ä.) hat sie 1897 im Prater präsentiert, sie galt als mechanische Sensation. Sie sollte möglichst ein ganzes Orchester imitieren. So ist der Charme des Gebäudes erhalten geblieben. Viel Liebe zum Detail erfreut das Auge des Besuchers. Auch die Kulinarik kommt natürlich nicht zu kurz. Österreichische Klassiker werden modern interpretiert. Auf erstklassige Qualität – vorrangig aus Österreich – wird besonders viel Wert gelegt. Käuflich erwerben kann man Teller, Tassen, Deko, allerlei Leckereien für zuhause.

Guten Appetit bei einem leckeren Frühstück, denn die Frühstückskarte ist besonders üppig!

Das Café ist sehr beliebt, es sollte also auf jeden Fall reserviert werden.

Ponykarussell – Café im Prater
Karl-Kolarik-Weg 1
Prater 86 a
1020 Wien
Telefon: + 43 1 7202540
hallo@ponykarussell.at

Öffnungszeiten
Montag bis Sonntag 9:00 Uhr bis 18:00 Uhr
Küche bis 17:30 Uhr

So kommen Sie hin:

Vom Hauptbahnhof mit der U1 Richtung Leopoldau bis zum Praterstern fahren. Zu Fuß sind es etwa 15 Minuten durch die Prater Hauptallee, Straße des 1. Mai führt direkt zum Ponykarussell.

Koffeinfreier Kaffee: der Untergang des Abendlandes.
(Kalenderspruch)

Spruch auf einer Kaffeetasse:

Es ist Montag
Und ich habe gute Laune
So fängt also Verwirrtheit
Im Alter an

ZUCKER GOSCHERL

3. Bezirk (Landstraße) - Café Joseph Brot

BIO SAUERTEIG BROT
ECHTE MENSCHEN — ECHTES HANDWERK — LEBENDIGE BROTE
Zu 100% biologisch, zu 100% biodivers, zu 100% aus
Österreichs Regionen mit tausenden Handgriffen
BROT IST FÜR UNS LEBEN

3. Bezirk (Landstraße) – Café Joseph Brot

Wenn Sie im 3. Wiener Gemeindebezirk unterwegs sind, schauen Sie doch mal in der Elisabethinenkirche vorbei. Die kaiserliche Familie hat 1710 eine kleine hölzerne Kirche errichtet. 1718 erfolgte die Errichtung eines Spitals. Leider wurde die Kirche durch Überschwemmungen zerstört. 22 Jahre später wurde sie neu gebaut und eine Apotheke angegliedert. Die Elisabethinen bekamen ein eigenes Haus, in das ein Krankenhaus integriert wurde. Heute heißt es Franziskus Spital. Während des 2. Weltkrieges diente das Hospital als Lazarett.

Jetzt sind Sie in der Landstraßer Hauptstraße 4 a. Ein paar Schritte weiter – man könnte es ganz leicht übersehen, da kein Schild darauf hinweist – befindet sich das Café Joseph Brot. Der Name leitet sich davon ab, dass der Besitzer Joseph heißt und Brot bäckt. Er ist ein Bäcker mit Prinzipien, denn er backt nur nach traditionellen Rezepten und ausgewählten Zutaten aus österreichischer Bio-Landwirtschaft.

Der Teig rastet mindestens 24 Stunden, bevor er im Dampfbackofen doppelt gebacken wird. Die Brote sind handgemacht.

Die Köstlichkeiten vom Joseph können Sie in der Bäckerei erwerben oder im angegliederten Café, das spartanisch eingerichtet ist, genießen. Keinerlei Bilder an den weißen Wänden, man sitzt auf Holzstühlen. Das

Personal ist relativ jung, daher sehr flink. Das Café ist ein Nichtraucherlokal, wenn das Wetter schön ist, gibt es einen Gastgarten direkt vor der Tür. Leider können im Café keine Reservierungen vorgenommen werden.

Klassische traditionelle Gerichte finden sich auf der Karte, ebenso vegane Köstlichkeiten. Als besonderes Schmankerl gibt es das »höchste« Frühstück, da es auf mehreren Stockwerken einer Etagere serviert wird.

Torten, Schnitten, Kuchen – alles wird jeden Tag frisch zubereitet. Wie das Joseph sagt: »Wir erfinden uns manchmal neu!« Es wird immer an neuen Kreationen gearbeitet. Klassische österreichische Mehlspeisen werden neu interpretiert. Je nach Saison sollen die Zutaten verwendet werden, die reif am besten schmecken.

Wie sagt das Café Joseph (übrigens mit ph!) so schön? Die meisten Probleme sind zuckerlöslich. Die süßen Teilchen helfen gegen Liebeskummer oder auch, wenn Sie Stress haben. Nur bei Figurproblemen sind sie zugegeben nicht besonders effizient. Denken Sie nicht darüber nach, wenn Sie vor der Vitrine mit all den Köstlichkeiten stehen.

Joseph Brot GmbH
Landstraßer Hauptstraße 4 1030 Wien
Tel. 01/710 28 81
office@joseph.co.at

Montag bis Freitag 7:30 bis 19 Uhr
Samstag 8 bis 18 Uhr

Sonntag und Feiertag 8 bis 16 Uhr
BISTRO & CAFÉ:
Samstag 8 bis 18 Uhr (Küche bis 16 Uhr)
Sonntag und Feiertag 8 bis 16 Uhr

So kommen Sie hin:

Vom Hauptbahnhof aus mit dem O-Wagen Richtung Landstraße.

Sagt der Kaffee zur Sahne: »Komm doch rein!« Darauf die Sahne: »Na gut. Ehe ich mich schlagen lasse.«
(Unbekannt)

Hätten Sie's gewusst?
Angeblich lebt man länger, wenn man Kaffee trinkt!
Menschen, die regelmäßig Kaffee trinken, leben länger. Das bestätigt eine aktuelle Studie und weist einen besseren Effekt für diejenigen nach, die das Heißgetränk nicht zuckern. Sie haben ein 16 bis 32 Prozent geringeres Risiko, vorzeitig zu sterben, als Menschen, die keinen Kaffee trinken.

ZUCKER GOSCHERL

4. Bezirk (Wieden) - Alt Wien Kaffee

ALT WIEN
KAFFEE
Kaffee
KAFFEEWELT

4. Bezirk (Wieden) – Alt Wien Kaffee

»Spezialitäten sind unsere Spezialität!«

Das ist der Slogan des Cafés Alt Wien. Die Palette des Kaffees reicht von stark und trocken über mittelkräftig und schokoladig bis zu mild und fruchtig und natürlich sind alle Kaffees Bio fair trade. Für jeden Geschmack ist etwas dabei. Das Besondere an diesem Café – Sie dürfen Ihre Mehlspeise selbst mitbringen! Es gibt auch koffeinfreie Kaffees. Sie dürfen die Sorten selbstverständlich probieren, denn die Bohnen werden frisch im Geschäft geröstet. Schließlich werden ausschließlich Rohkaffees höchster Qualität verwendet. Er ist naturbelassen, wird ohne jegliche Zusätze und handverlesen geröstet.

Im Jahr 2000 übernahm Christian Schrödl die Rösterei, die er in den 4. Bezirk übersiedelte. Seiner Ansicht nach gab es in ganz Wien keinen ordentlich guten und frischen Kaffee. Die Kaffeerösterei Alt Wien gab es auch vorher bereits in der Belvederegasse und am Elisabethplatz. Nachdem der Umzug in die Nähe des Naschmarktes erfolgte, wurde das Sortiment erweitert und die Kapazitäten vergrößert. Aus einer anfänglichen 5-Kilo-Röstmaschine folgte bald ein 12-Kilo-Röster; 10 Jahre lang war das Gerät in Betrieb. Dann folgte ein 15-Kilo-Röster.

2005 wurden die ersten Bio- und Fairtradezertifizierten Kaffees geröstet. Der Markt ist stark im Wachsen, nicht zuletzt wegen der Nachverfolgbarkeit des Kaffees.

Ein Bummel über den Naschmarkt, eine Mehlspeise gekauft und als krönenden Abschluss einen Kaffee im Alt Wien im vierten Bezirk. Hmmmm!

Alt Wien Kaffee
Schleifmühlgasse 23
1040 Wien
http://www.altwien.at/
Telefon: 1 5050800
office@altwien.at

Öffnungszeiten:
Montag bis Freitag von 10 bis 18 Uhr
Samstag von 10 bis 16 Uhr

So kommen Sie hin:
Vom Hauptbahnhof zur U1 Richtung Leopoldau bis Karlsplatz, Rechte Wienzeile stadtauswärts gehen bis zur Schleifmühlgasse (ca. 10 Minuten Gehzeit)

Rendesvouz mit Kopi Luwak

Margarete Meier-Blix und Brunhilde Sanders, beide flotte Damen in den Achtzigern, waren mal wieder auf Reisen. Das Ziel ihrer Begierde war die Walzerstadt Wien.

»Da hast du uns aber ein schönes Hotel ausgesucht. Das Haus hat Charme, das merkt man gleich«, meinte Brunhilde. »Ich freue mich wirklich auf schöne Tage in dieser traumhaften Stadt – auch wenn der Start jetzt nicht so besonders ...«

»Still! Darüber sprechen wir nicht mehr.« Margarete nagte an ihrer Unterlippe. Dann lächelte sie: »Und ich freue mich auf Wiener Schnitzel, a Fiakergulasch, Wein und Kaffeehäuser«, antwortete sie.

»Hast du heimlich geübt? A Fiakergulasch!«

»Wer ko, der ko«, konterte Margarete.

»Ich habe etwas ganz Besonderes mit dir vor.« Brunhilde setzte sich einen Hut auf, begutachtete ihn im Spiegel von allen Seiten.

»Was wird das schon sein?«, brummte Margarete.

»Jedenfalls nichts, was mit einem Mann zu tun hat.«

»Dann ist ja gut. Ich bin wirklich zu alt für solche Spielchen. Sagten wir nicht, dass wir nicht mehr darüber sprechen wollten?«

»Hat ja keiner ahnen können, dass dieser Zusammenstoß am Bahnhof mit Herrn Möller inszeniert war.«

»Und ich bin darauf reingefallen. Ich habe mich benommen wie ein blöder Teenager.«

»Hake es ab. Jetzt kommen nur noch schöne Stunden in Wien.«

»Wo führst du mich hin?« Margarete konnte schon wieder lächeln.

»Ich lade dich auf die teuerste Tasse Kaffee ein, die es gibt.«

»Warum denn das?«

»Weil es mein Budget hergibt und weil ich es möchte. Und ich will wissen, ob er wirklich so gut schmeckt und der Preis gerechtfertigt ist.«

Jetzt hast du mich aber neugierig gemacht. Erzähle! Wo? Wann? Ich will die Geschichte dazu hören.«

»Dann höre mal zu, liebe Freundin. Der teuerste Kaffee der Welt heißt Kopi Luwak. Ich glaube, du willst es gar nicht so genau wissen, wie der hergestellt wird.«

Brunhilde nahm den Hut ab, strubbelte sich durch die kurzen Haare. Sie spielte mit ihrer Holzkette, die lose um ihren Hals baumelte. »Wir fahren jetzt in den vierten Bezirk in die Schleifmühlgasse. Und dann wirst du einen köstlichen Kaffee trinken, nein du wirst ihn zelebrieren.«

Brunhildes Füße steckten in Gesundheitslatschen. Eiligen Schrittes ging sie auf die Tür des Cafés Alt Wien zu. Margarete trug wie immer einen Hosenanzug, farblich dazu passte die Pillenschachtel, ein kleines Hütchen, das sie mit einer Haarklammer festgesteckt hatte. »Jetzt bin ich aber gespannt!«

»Guten Tag«, sagte Brunhilde, »wir interessieren uns für Kopi Luwak.«

Die Dame hinter dem Tresen sah sie freundlich an. Sie deutete eine kleine Verbeugung an und zeigte hinter sich. In einer Glasvitrine standen einige Päckchen, auf denen Kopi Luwak stand. Ungefragt sagte die Dame, sie trug ein Schildchen mit dem Namen Denise:

»Der Kaffee kommt aus Indonesien, genauer aus Sumatra und der Name bedeutet Kopi für Kaffee und Luwak für Katze.«

»Das ist ein Katzenkaffee?« Margarete war an den Tresen getreten und schüttelte ungläubig den Kopf. »Katzenkaffee«, sagte sie noch einmal. »Wird der aus Katzen gemacht?«

Denise lachte. »Nein, eine bestimmte Schleichkatzenart frisst die Kaffeekirschen, nur das Fruchtfleisch wird verdaut und die Bohnen werden fermentiert ausgeschieden.

»Fermentiert?«, fragte Margarete.

»Vergoren«, antwortete Denise. »Wissen Sie, diese Katzen benutzen immer wieder dieselbe Stelle als Katzenklo, so können die Bohnen leicht aufgesammelt werden.«

»Na, ich weiß nicht«, meinte Margarete. »Und das soll schmecken?«

»Sehr gut sogar, der Kaffee ist sehr mild, denn im Magen des Tieres werden die Bitterstoffe entzogen. Er ist säurearm, gilt daher als Magenschonend.«

»Dir fallen aber auch immer solche Blödheiten ein. Brunhilde. Kaffee, den Katzen aus...«, sie sprach nicht weiter.

»Dankeschön«, sagte Brunhilde zu Denise gewandt. »Meine Freundin muss sich erst an den Gedanken gewöhnen.« Sie schob Margarete aus dem Café heraus.

»Also wirklich«, tat diese entrüstet. »Ich trinke doch keinen Kaffee, den Katzen ausgeschissen haben.«

»Du bist doch sonst immer so abenteuerlustig! Da will ich dich schon mal auf eine Tasse des teuersten Kaffees der Welt einladen und du schätzt es noch nicht einmal.«

Margarete war sich nicht ganz sicher, ob ihre Freundin wirklich beleidigt war oder einfach nur so tat.

Brunhilde eilte auf eine Bank zu und ließ sich darauf plumpsen. Sie klopfte neben sich, eine Aufforderung an Margarete, sich ebenfalls zu setzen. Sie zückte das Handy.

»Ich habe es verstanden, meine Liebe. Darf ich dich dann wenigstens auf eine Tasse Jamaica Blue Mountain einladen?«

»Wieder was exotisches?«

»Nein! Das ist ein ganz normaler Kaffee, zwar a bissl teurer, als die gängigen Kaffeebohnen, er hat ein außergewöhnliches Aroma. Er wird von Hand gepflückt und in Holzfässern spezialverpackt. Er ist so teuer, weil es nur wenig davon gibt. Also wollen wir?«

»Na gut, überredet.«

»Ich hol uns noch a Mehlspeis«, sagte Brunhilde. »Die darf man nämlich mit ins Cafe nehmen.«

Gerade als Brunhilde die Türe öffnen wollte, kam ein Mann herausgestürmt. Sein Käppi hatte er tief in die

Stirn gezogen. Beinahe wäre Brunhilde gefallen. Sie taumelte, konnte sich gerade noch fangen. Er ignorierte es, kümmerte sich nicht darum, verschwand in der Menge.

»Flegel!«, schrie ihm Margarete hinterher.

Die beiden traten ein, wichen aber entsetzt zurück. Die Verkäuferin Denise lag vor dem Tresen, Blut tropfte aus einer Kopfwunde. In einiger Entfernung lag eine Kaffeemühle. Mit schnellem Schritt war Margarete bei ihr, legte ihr zwei Finger an die Halsschlagader.

»Schnell, ruf einen Notarzt!«

Brunhilde sah sich suchend um, konnte aber nirgends eine Notrufnummer finden. Sofort lief sie auf die Straße, hielt den nächstbesten Passanten an und fragte nach der Nummer eines Notarztes.

»144«, gab der zur Antwort. »Ist was passiert?«

Brunhilde wies auf das Café, atmete tief durch, dann wählte sie die genannte Nummer.

Es dauerte nicht lange und eine schrille Sirene zeigte einen Krankenwagen an. Denise wurde in den Krankenwagen geschoben, ein Polizist in Uniform nahm ihrer beiden Namen und Adressen auf.

»Bitte stehen Sie uns zur Verfügung.« Mit einem Nicken verabschiedete er sich.

»Kriminesern?«, fragte Margarete.

»Kriminesern!«, gab Brunhilde zur Antwort. »Fängt ja schon wieder gut an!«

Die beiden saßen in bequemen Sesseln in ihrer Hotellobby. Der Raum war freundlich eingerichtet. Zwei Kellnerinnen, sie trugen schwarze Röcke, weiße Blusen und weiße Spitzenschürzen, liefen geflissentlich hin und her. Beiden Damen war nicht nach Kaffee zumute gewesen, eine Schokolade mit Schlagobers erfreute ihren Gaumen.

»Was haben wir, worauf können wir zurückgreifen?«

»Hm«, meinte Brunhilde. »ein Typ mit Käppi hat mich umgerannt. Er war vermutlich der Täter.«

»Könnte sein, vielleicht hat er Denise nur gefunden und ist in Panik davon gelaufen.«

Die Rezeptionistin, sie trug eine schmucke Uniform, kam auf die beiden Damen zu, zeigte auf einen Herrn.

»Guten Tag, mein Name ist Oberst Nowack. Sie haben das Opfer, Denise Schuster, gefunden. Ich hätte noch ein paar Fragen.«

»Aber gerne doch. Nehmen Sie Platz«, meinte Margarete.

»Wie geht es ihr denn?«, warf Brunhilde ein.

»Nicht so gut, sie musste in ein künstliches Koma versetzt werden.«

Brunhilde schlug sich leicht auf den Mund und flüsterte: »Oh, wie schrecklich.«

»Bitte schildern Sie mir den Vorfall genau. Der Diensthabende hat ein Protokoll angefertigt. Dem kann ich vielleicht noch etwas hinzufügen.« Er sah die beiden Damen aufmunternd an.

Brunhilde begann zu sprechen: »Ich wollte meine Freundin auf einen Kopi Luwak einladen.«

»Ich fand das aber dekadent. Außerdem wollte ich keinen Kaffee trinken, den Katzen ausgesch...«

»Ausgeschieden haben«, fiel ihr Brunhilde ins Wort. »Deshalb haben wir uns dann auf einen Jamaica Blue Mountain geeinigt und sind in das Alt Wien zurückgegangen«, schloss sie.

Oberst Nowack schmunzelte. Die beiden Damen, er schätzte sie auf Anfang achtzig, gefielen ihm. Sie waren pfiffig. Aufmunternd sah er sie an weiterzusprechen.

»Also, ich wollte gerade die Tür öffnen«, sagte Margarete, »als mich ein Mann, das Käppi hatte er tief in die Stirn gezogen, anrempelte und davon lief.«

»Ist Ihnen irgendetwas besonderes aufgefallen?«

Margarete zuckte mit den Schultern, zog die Mundwinkel nach unten. »Nö, mir nicht. Ich war viel zu erschrocken. Er hätte mich beinahe umgerannt.«

»Das scheint dein Schicksal zu sein«, sagte Brunhilde trocken.

»Entschuldigen Sie«, meinte sie mit Blick auf den Oberst, »das war jetzt ein Insiderwitz zwischen mir und meiner Freundin.«

Der Polizist sah Brunhilde an. Jetzt hatte sie die Lippen aufeinandergepresst und die Augenbrauen zusammengezogen. Dann wuschelte sie sich durch die kurzen Haare.

»Jetzt fällt es mir wieder ein. Er trug weiße Turnschuhe, die Schnürsenkel waren total bunt und so komisch um seine Fesseln gebunden.«

»Das heißt jetzt nicht mehr Turnschuhe, sondern Sneakers«, bemerkte Margarete. »Jetzt wo du es sagst, sind mir die Treter auch aufgefallen. Der Mann hatte nämlich ziemlich große Füße. Mindestens Größe 48.«

»Sonst ist Ihnen nichts weiter mehr aufgefallen?« Oberst Nowack lächelte die beiden ermutigend an.

Einstimmig schüttelten sie den Kopf. »Leider«, fügte Margarete noch an.

Oberst Nowack verabschiedete sich.

»Ich kann in deinem Gesicht lesen, wie in einem Buch«, sagte Brunhilde. »Also rück schon raus, was hast du diesem Oberst nicht erzählt?«

Margarete grinste. »Der Typ trug eine hellblaue Jeans, der Stoff am rechten Knie war aufgerissen und am linken Knie prangte ein Aufkleber.«

»Wow, du beobachtest aber genau.«

»Ich bin halt die geborene Krimineserin«, griente Margarete. Sie legte den Finger an die Nase, schwieg, um dann laut »ah« zu rufen. Brunhilde zuckte zusammen.

»Wir gehen jetzt noch einmal in den 4. Bezirk in dieses Alt Wien und legen uns auf die Lauer.«

»Fahren«, sagte Brunhilde. »Fahren!«

Das Café hatte geschlossen. »Sag mal, Margarete, warum wolltest du jetzt unbedingt noch mal hierher. Willst du kriminelle Luft schnuppern?«

»In jedem Krimi kannst du es lesen oder im TV sehen. Ein Täter kommt immer an den Ort des Verbrechens zurück.«

»Ah, jetzt verstehe ich. Du meinst Mister Käppi treibt sich hier im Grätzel herum.«

»Lass uns ein bisschen Schaufenster gucken und die Augen offenhalten. Wir können langsam zur Mühlgasse schlendern und in diese Parklandschaft gehen, die mir Mister google angezeigt hat.«

Brunhilde sah ihre Freundin mit Anerkennung im Blick an. »Wie du mittlerweile mit dem Handy umgehen kannst, das bewundere ich sehr.«

»Mein Neffe Klaus hat mir einiges gezeigt. Da war er sehr geduldig«, antwortete Margarete.

»Willst du dich im Park ausruhen, dann könnten wir uns noch was Süßes kaufen und es auf einer Parkbank verspeisen. Was hältst du von einer Topfengolatsche?«

Diesmal war es an Margarete zu staunen.

»Topfengolatsche, du hast dazu gelernt, Brunhildchen.«

»Naja, ob die mich hier verstehen, wenn ich Quarktäschchen sage?« Sie steuerte auf die nächste Bäckerei zu und orderte diese beiden Teilchen. Dann setzten sie sich auf eine Parkbank, lachten sich an und bissen herzhaft in das süße Gebäck.

»Habe ich es dir nicht gesagt?« Margaretes Gesicht versteinerte. »Schau unauffällig da rüber.«

Ein paar Jugendliche kickten eine Bierflasche hin und her. Ein Mann, die Käppi tief in die Stirn gezogen, trat die Flasche mit voller Wucht gegen einen Baum, so dass sie zerbrach. Er trug weiße Sneakers. Margarete drehte den Jugendlichen den Rücken zu, holte ihr Handy aus der Tasche, und rief Oberst Nowack an. Dann ging alles sehr schnell.

Beamte in Zivil trafen ein, und nahmen die Jugendlichen fest.

Die beiden Freundinnen und Oberst Nowack saßen am nächsten Tag im Alt Wien und genossen jeweils eine Tasse Kaffee. Der Beamte legte ein paar Punschkrapferl auf den Teller und bat darum, zuzugreifen.

»Ja, der junge Mann ist uns leider bestens bekannt. Er fällt immer wieder auf. Kleinere Delikte, Diebstahl, Raufereien. Aber dass er jetzt einen Menschen schwer verletzt hat, zum Glück ist Denise aufgewacht und auf dem Weg der Besserung. Das ist jetzt wirklich eine Steigerung.« Oberst Nowack schwieg frustriert.

»Und dabei kommt er aus einem guten Elternhaus«, fügte er noch an.

»Was wollte er denn hier? Klauen nehme ich an«, beantwortete sich Margarete ihre Frage selbst.

»Langeweile, Mutprobe. So richtig ist er nicht raus mit der Sprache. Ich bedanke mich jedenfalls herzlich für Ihre Hilfe.«

»Gern geschehen«, sagten die beiden im Chor.

»Dann bleibt mir nur noch, Ihnen einen stressfreien Aufenthalt in Wien zu wünschen. Greifen Sie zu, meine Damen, Punschkrapferl sind eine Wiener Spezialität ...«

»... und schlagen sich nur geringfügig auf die Hüften!« Die beiden Damen grienten.

Wenn mich jemand fragt: »Wie geht's?«
Sage ich ihm: »Gut, bis zum letzten Tropfen!«

(Willy Meurer (1934 bis 2018), deutsch-kanadischer Kaufmann, Aphoristiker und Publizist, M.H.R., Member of the Human Race, Toronto)

ZUCKER GOSCHERL

5. Bezirk (Margareten) - Café Rüdigerhof

CAFE RUDIGERH

5. Bezirk (Margareten) – Café Rüdigerhof

Wenn man die linke Wienzeile stadtauswärts entlang geht, ist es ein Pflichtbesuch, über den Naschmarkt zu schlendern. Von den süßen Lebzeltern mit Mohn- oder Nussfüllung bis zum Kinderkleid, Souvenirs und kulinarische Schmankerl, hier kann man alles erwerben. Am Samstag gliedern sich auch noch ein großer Flohmarkt und der Bauernmarkt mit heimischen Produkten an.

Ein paar Schritte weiter Richtung Pilgrambrücke befindet sich auf der linken Seite das Café Rüdigerhof. Die Inhaber konnten bereits ihr hundertzwanzigjähriges Jubiläum feiern. Im Sommer sitzt man wunderschön im Schanigarten auf drei Terrassenebenen mit Blick auf den Wienfluss. Alte Ahornbäume spenden Schatten. Idyllisch unter den Bäumen, und obwohl zur Nähe der Wienzeile gelegen, ist es sehr ruhig. Am Eck der Terrasse stehen seit über 50 Jahren zwei aus Stein gehauene Pinguinfiguren, Mutter und Kind, aus deren Schnabel ein kleiner Wasserstrahl in ein Becken rinnt.

Eines Tages war das Pinguinkind weg. Die Besitzer des Rüdigerhofes riefen via Facebook auf, die Steinfigur wieder zurückzugeben. Es sollte auch einen Finderlohn geben. Zwei Jahre später (2016) wurde die gestohlene Figur von Unbekannten in der Nacht zurückgegeben. Zwar waren die Flossen abgeschlagen, ansonsten war die Figur intakt. Ein Zettel klebte auf seiner Brust: »Mutti, ich bin wieder zurück!«

Also: Alles wieder gut. Die Terrasse ist ein wahrer Geheimtipp. Sie zählt wirklich zu den Schönsten in Wien.

Die Speisekarte ist für ein Kaffeehaus relativ umfangreich, exotische Speisen findet man allerdings keine – die Klassiker stehen im Programm – dafür sind die Preise vernünftig und die Qualität stimmt. Das allseits beliebte Schnitzel mit Pommes steht auf der Karte, und sonst lässt diese auch nicht viel zu wünschen übrig; alles, was unter »gutbürgerlich« oder »Hausmannskost« läuft, ist vorhanden. Wechselnde Mittagsmenüs werden ebenfalls angeboten. Kaffee und herrliche Mehlspeisen werden natürlich auch serviert.

Café Rüdigerhof
Familie Halper
Hamburger Straße 20
1050 Wien Telefon: 01 5863 31 38
https://ruedigerhof.stadtausstellung.at/
geöffnet täglich von 9:00 Uhr bis 2:00 Uhr

So kommen Sie hin:

Vom Hauptbahnhof mit der U1 Richtung Leopoldau, aussteigen am Karlsplatz, umsteigen in U4 Richtung Hütteldorf Pilgramgasse aussteigen, stadtauswärts gehen.

Kaffeemuseum Wien
(5. Bezirk)

Im Jahr 2003 gründete Edmund Mayr das Wiener Kaffeemuseum. Schon als kleiner Junge machte er sich an den Kaffeemühlen zu schaffen. Seine Eltern betrieben eine Konditorei. So erlebte er bereits früh Kaffee mit allen Sinnen – er nahm die schwarzen Bohnen und deren Geruch wahr und damit wurde seine Liebe zu Kaffee entfacht.

Seit 55 Jahren ist er im Kaffeegeschäft. In leitender Funktion baute er die FAEMA Espressomaschinen-Serviceorganisation sowie den Vertrieb in Österreich auf. Mittlerweile hat er rund 100.000 Gastronomiemitarbeiter in der perfekten Kaffeezubereitung geschult. Das Museum fungiert auch als Kaffee-Kompetenz-Zentrum. Die Seminare sind sehr gefragt, da sie auch zertifiziert sind. Für seinen unermüdlichen einsatz erhielt Mayr, der »Coffeenator« genannt wird, das goldene Ehrenzeichen der WK Fachgruppe Wien. Mit Stolz kann er auf die außerordentliche Würdigung des Stadtschulrates, amtsführende Präsidentin, Susanne Brandsteidl, verweisen.

Was macht das Museum so besonders?

Es ist Informationszentrum und Erlebnis zugleich. Viele historische und aktuelle Exponate können bewundert werden. Alles Wissenswerte über Kaffee, von der

Pflanze, Ernte, Röstung, Zubereitung, bis hin zur dampfenden Schale wird den Besuchern vermittelt.

Das Kaffeemuseum ist Teil des Österreichischen Gesellschafts- und Wirtschaftsmuseums. Die Wiener Kaffeehauskultur ist UNESCO Kulturerbe. Das Museum ist nicht nur Informationszentrum, sondern zugleich ein Erlebnisort. Die Menschen treffen sich immer wieder gern im Kaffeehaus, um zu ratschen, um Zeitung zu lesen, um zu flirten und auch, um zur Ruhe zu kommen und genüsslich einen »Kleinen Braunen« oder eine »Melange« zu trinken.

Das außergewöhnliche Ambiente des Museums ist auch ein attraktiver Veranstaltungsort. Es gibt Konzerte, Lesungen, Produktpräsentationen, Vorträge oder Pressekonferenzen. Modernstes audio-visuelles Equipment lässt dabei keine Wünsche offen.

Auch mag. Karl Schilling hat eine große Sammelleidenschaft. Zusammen mit Edmund Mayr gründete er das Museum. Er sagt von sich selbst, ein Kaffee-Enthusiast mit neugierigen Geschmacksknospen zu sein. Lange Jahre war er als Chefredakteur im Bereich der gastronomischen Fachmedien tätig. Natürlich ist Mag. Schilling auch ein großer Kaffee-Gourmet.

Führungen

Inmitten von Kaffeemaschinen, Mühlen und exotischem Zubehör, das aus mehreren Jahrhunderten zusammengetragen worden ist, können sie eine Führung buchen. Lernen Sie die gesamte Palette der Kaffeezubereitungsmöglichkeiten kennen. Die Führungen werden auch zweisprachig durchgeführt. Schicken Sie einfach eine Mail, um einen Termin auszumachen.

Kaffeemuseum Wien im
Österreichischen Gesellschafts- und Wirtschaftsmuseum
Vogelsanggasse 36
1050 Wien

Öffnungszeiten
Dienstags, ab 9:00 Uhr
Telefon: +43 664 1441 406
Kontakt
Karl Schilling: +43 664 1441406
Edmund Mayr: +43 676 4068728
office@kaffeemuseum.at

So kommen Sie hin:
Vom Hauptbahnhof mit der Straßenbahn 18 Richtung Westbahnhof, Matzleinsdorferplatz aussteigen, dann in Reinprechtsdorferstraße stadteinwärts bis Vogelsanggasse.

Die beste Methode, das Leben angenehm zu verbringen, ist, guten Kaffee zu trinken. Und wenn man keinen haben kann, so soll man versuchen, so heiter und gelassen zu sein, als hätte man guten Kaffee getrunken.

(Jonathan Swift, 1667 bis 1745, anglo-irischer Erzähler, Moralkritiker und Theologe)

ZUCKER GOSCHERL

6. Bezirk (Mariahilf) - Gschamster Diener

G'schamster
Diener
RESTAURANT

6. Bezirk (Mariahilf) – Café-Restaurant Gschamster Diener

Wenn man sich begrüßen oder auch verabschieden möchte, benutzt man gerne das Wort G'schamster Diener. Im Hochdeutschen bedeutet es so viel wie »Ihr gehorsamster Diener« – ein bisschen altmodisch, da die Floskel aus dem 18. und 19. Jahrhundert stammt. Man setzte sie oft als Unterschrift unter einen Briefwechsel. Im Wienerischen hat sich diese Höflichkeitsfloskel im Gastgewerbe erhalten. Jeder Kaffeehaus-Ober, der etwas auf sich hält, gehört dies zu seinem Image. Hans Moser, der populäre Schauspieler, nuschelte den »Gschamsten Diener« bei jeder Gelegenheit heraus. Es sollte wohl so viel bedeuten wie »Sie wünschen?« Diese Grußform wird auch heute noch im Fiakerwesen humorvoll benutzt.

Das traditionelle Wiener Kaffeehaus Gschamster Diener ist alteingesessen, bereits seit 120 Jahren. Sie finden es im Herzen von Mariahilf. Das Café verwendet nur Produkte aus den umliegenden Regionen bzw. aus der »Genuss-Region Österreich.«

Salat und Gemüse vom Wiener Gemüse und Marchfelder Gemüse, Milch und Milchprodukte aus Österreich (Salzburger Milch, Schärdinger), Erdäpfel aus biologischer Landwirtschaft, vom Familienbetrieb Brigitte & Walter Wiesinger, Gaweinstal Weinviertel sowie österreichische Eier (aus Bodenhaltung).

Neben all den kulinarischen Köstlichkeiten bietet der Gschamste Diener verschiedene kulturelle Veranstaltungen. Sehen Sie auf der Seite nach, um sich über das Unterhaltungsprogramm zu informieren.

Folgende Veranstaltungen möchten Sie unterhalten:

»Ihr Auftritt Bitte« – der Gast ist der Star

Gschamster Dieners Bühne für die Künstler, der Gast ist für etwa 10 Minuten der Star!

Jeden 30. im Monat und bei zusätzlichen Spezial Auftritten gibt es freie Präsentationen von Anekdoten, Gedichten, Liedern, Lesungen etc.

Außerdem bietet der Gschamste Diener Vernissagen & Ausstellungen, Lesungen und Buchpräsentationen, Theater und Kabarett, Musik und auch Vorträge.

Die Mission des G'schamsten Diener ist es, künstlerische Menschen zu unterstützen und ihnen eine Möglichkeit für einen Auftritt zu geben. Schon über 170 Mal fand bereits »Ihr Auftritt Bitte!« statt. Beginn ist immer 19 Uhr, Eintreffen und Anmeldung circa eine Stunde vorher. Das Café ist ein beliebter Treffpunkt für Musiker.

Wenn Sie Interesse daran haben, einmal selbst dort aufzutreten, melden Sie sich bitte im Lokal. Für Besucher ist der Eintritt frei. Kapazität bis zu 100 Personen. Wenn Sie sich einen Überblick über die Veranstaltungen verschaffen möchten, drücken Sie auf den Button »Veranstaltungen und Angebote«.

Café-Restaurant Gschamster Diener
Stumpergasse 19
1060 Wien
Telefon: 1 5972528
Mail: office@gschamsterdiener.com

Öffnungszeiten
Montag bis Freitag von 9.00 bis 23.00 Uhr
Samstag von 9.00 bis 22.30 Uhr
Sonntag von 10.00 bis 22.30 Uhr

So kommen Sie hin:
Vom Hauptbahnhof mit der Buslinie 13 a Richtung Skodagasse (11 Haltestellen), aussteigen Ersterhazygasse, zu Fuß gegen die Fahrtrichtung vom Bus in die Worellstraße, mündet in die Liniengasse, entlanggehen, rechts in Stumpergasse.

Kaffee dehydriert den Körper nicht. Ich wäre sonst schon Staub.

(Franz Kafka, 1883 bis 1924, deutschsprachiger Schriftsteller, in Prag geboren als Sohn einer bürgerlichen jüdischen Kaufmannsfamilie)

ZUCKER GOSCHERL

7. Bezirk (Neubau) - Das Ulrich

Ū
EST 20 13
ULRICH
Sankt Ulrichs-Platz
ULRICH

7. Bezirk (Neubau) – Das Ulrich

Im 7. Gemeindebezirk Spittelberg steppt der Bär! Vom 18. bis Mitte des 20. Jahrhunderts hatte er einen schlechten Ruf, da die enge Bebauung der Gesundheit abträglich war. Heute ist der Stadtteil ein Beispiel für eine Luxussanierung.

Bezeichnend für den Bezirk sind die vielen gut erhaltenen Biedermeierhäuser, schmale Gassen und das kleinste Haus Wiens, das 1872 erbaut wurde und den Namen »Zum Goldenen Hirschen« trägt. Das Haus hat eine wechselhafte Geschichte. Die Fassade sticht jedem ins Auge, dunkelgrün gehalten. Die überdimensionale Uhr an der Front zeigt an, dass sich der Uhrmacherbetrieb der Familie Schmollgruber dort befindet. Auf 14 Quadratmetern kann man erstaunlich viele antike Meisterwerke bestaunen.

Alljährlich findet auf dem Spittelberg ein Weihnachtsmarkt statt. Ein Szeneviertel hat sich etabliert mit Kunsthandwerksbetrieben, vielen Lokalen und dem benachbarten MuseumsQuartier – kein Wunder, dass es zur Welterbestätte »Historisches Zentrum Wiens« gehört.

Am St. Ulrichsplatz 1 befindet sich das Café Ulrich. Im Schanigarten sitzt man in einem tollen Ambiente mit Blick auf die barocke Kirche. Es gibt ein reichhaltiges Frühstücksangebot, hausgemachte Limonaden, Smoothies, röstfrischen Kaffee (Rösterei Alt Wien, koffeinfrei und mit Soja- oder Hafermilch), saisonale Produkte, morgendliche Zeitungen, und wem mehr nach Alkoholischem ist: Cocktails. Das Ulrich bezeichnet sich als Café, Bar und Restaurant.

Sie sind mit Ihrem Vierbeiner unterwegs? Das Ulrich ist besonders hundefreundlich. Unaufgefordert bekommen die Fellnasen einen Napf mit frischem Wasser und wenn das Personal Zeit hat, wird der Hund auch gestreichelt – natürlich nur, wenn Herrchen oder Frauchen das gestatten.

Das Ulrich hat Verstärkung bekommen: Der kleine Bruder Erich, nur wenige Gehminuten entfernt.

Ulrich
Cafe, Restaurant, Bar
Gerald Bayer
Sankt-Ulrichs-Platz 1
1070 Wien
Telefon: 1 961 27 82
hallo@ulrichwien.at

Frühstück, Montag bis Freitag von 07.30 bis 12.00 Uhr Samstag, Sonntag und Feiertag sogar von 09.00 bis 15.00 Uhr

An Wochenenden und an Feiertagen werden die Frühstückstische nur zu fixen Zeiten für jeweils zwei Stunden vergeben.

So kommen Sie hin:
Vom Hauptbahnhof mit der U1 Richtung Leopoldau, am Stephansplatz aussteigen, in die U3 Richtung Ottakring einsteigen, Station Volkstheater aussteigen und etwa 400 m zu Fuß, Burggasse stadtauswärts gehen.

Nur eins ist besser als eine Tasse guter Kaffee:
Zwei Tassen guter Kaffee.
Detlev Fleischhammel (*1952), deutscher Theologe

ZUCKER GOSCHERL

8. Bezirk (Josefstadt) - Café der Provinz

8. Bezirk (Josefstadt) – Café der Provinz

Wenn Sie im 8. Bezirk unterwegs sind, besuchen Sie sicher die barocke römisch-katholische Piaristenkirche Maria Treu. Der Name der Kirche bezieht sich auf das Gnadenbild Maria Treu, das anlässlich der Pestepidemie 1713 von Josef Herz gemalt wurde.

Ein bisschen versteckt befindet sich in der Maria-Treu-Gasse, eine kleine Seitenstraße von der Josefstätterstraße, das Café der Provinz.

Sie können draußen im Schanigarten sitzen, von der Ferne die Piaristenkirche bewundern und die hausgemachten Crêpes kosten. Das charmante Café hat französisches Flair. Fast alles, was hier serviert wird, egal ob Gallettes oder Waffeln, die Zutaten stammen aus biologischem Betrieb. Die Lieferanten werden mit Sorgfalt ausgewählt.

Der Innenraum ist durcheinandergewürfelt im Vintage-Stil rustikal eingerichtet. An den Wänden hängen Plakate, auf kleinen Tischen werden Keramiktassen ausgestellt und die Wände zieren Regale auf denen verschiedene Teesorten, Säfte und Honig vorzufinden sind. Die Stühle sind bunt zusammengewürfelt.

Am Wochenende wird hier gebruncht. Bedienen Sie sich am Bio-Brunch-Buffet. Liebevoll zusammengestellt, alles in Bioqualität. Neben Eiern, Rohkost, Obstsalat, hauchdünn aufgeschnittener Schinken, einer Auswahl an Käse und verschiedenen vollwertigen Brotsorten, dürfen natürlich Crêpes, Pancakes und Waffeln nicht fehlen. Jeweils frisch zubereitet, mit Apfelmus, Marmelade oder verschiedenen Cremes verfeinert.

(Preis ca. 13 Euro, im Preis inkludiert ist 1/8 l Saft)

Frühstücken können Sie von Montag bis Freitag von 8:00 Uhr bis 12:00 Uhr. Am Wochenende wird der Bio-Brunch von 9:00 Uhr bis 15:00 Uhr angeboten. Wenn Sie lieber »nur« frühstücken möchten, wählen Sie aus der Karte.

Der Kaffee ist von Salomoni, der im Hochland Kolumbien ökologisch angebaut wird. Der Kaffee wird Ihnen auch mit Soja- oder Hafermilch serviert; Kakao, Getreidekaffee und mehr als 30 verschiedene Teesorten stehen ebenfalls zur Wahl. Abgesehen davon werden auch Fruchtsäfte (zum Beispiel Apfel-Holler oder Birne) im Café der Provinz angeboten.

Café der Provinz
Maria-Treu-Gasse 3
1080 Wien-Josefstadt
Telefon: 01 944 22 72
www.cafederprovinz.at

Sie können nur mit Bargeld bezahlen!
Öffnungszeiten:
Montag bis Samstag 9.00 bis 23.00 Uhr
Sonntag 9.00 bis 15.00 Uhr

So kommen Sie hin:
Vom Hauptbahnhof mit dem Autobus 13 a in Richtung Skodagasse, aussteigen am Theater in der Josefsstadt, entlang der Piaristengasse rechts in die Maria-Treu-Gasse.

Brunhildes Geheimnis

»Was machen wir heute, meine Liebe?«

Margarete knüpfte sich die Bluse zu und schlüpfte danach in eine farblich abgestimmte Hose.

»Wir könnten in die Josefstadt, in den 8. Bezirk fahren. Ist mit dem Bus 13 a ganz einfach zu erreichen«, antwortete Brunhilde.

»Das ist eine gute Idee. Dort ist das Theater in der Josefstadt, da könnten wir uns mal ein Bühnenstück ansehen.«

Brunhilde zog ein Prospekt aus der Mappe, wie sie überall in Hotelzimmern lagen. »Schau mal, hier steht, dass das Theater ein junges, dynamisches Schauspielhaus ist.«

»Gibt es was Nettes zum Lachen?«

»Sicher, schau, in der Beschreibung steht, dass das Theater sowohl wieder Klassiker aufnimmt, aber auch Komödien aufführt. Außerdem ist das Schauspielhaus wunderbar anzusehen, stilvoll und es hat das Flair von Raimund oder Nestroy.«

»Und jetzt sag bloß noch,« redete Margarete dazwischen, »dass du imaginär den Taktstock von Johann Strauß siehst.«

Brunhilde kicherte, zeigte auf das Bild des Prospektes. »Roter Damast, Goldschmuck und venezianische Lüster, das ist doch genau das Richtige für uns.«

Der Bus hielt an der Alserstraße.

»Lass uns ein paar Schritte gehen«, meinte Brunhilde. »Auf dem Weg liegt nämlich noch die Piaristenkirche Maria Treu. Die würde ich mir noch gerne – zumindest von außen – anschauen.«

»Und ich würde gerne einen Kaffee trinken«, sagte Margarete. Sie hakte sich bei ihrer Freundin ein.

Das Interieur des Cafés der Provinz war bunt durcheinander gewürfelt. Verschiedenartige Holzstühle waren an die Tische geschoben. Auf jedem lag eine andere Tischdecke. Die Wände zierten bunte Plakate. Es strahlte Flair aus. Eine junge Frau kam gleich an ihren Tisch und empfahl eine Kaffeemischung aus dem Hochland Kolumbiens.

»Na, dann verlassen wir uns mal auf Ihr Urteil und nehmen so eine Mischung«, meinte Margarete freundlich.

»Du wirkst bedrückt, liebe Freundin.«

Brunhilde schrak zusammen. Sie hatte abwesend in ihrem Kaffee herumgerührt.

»Deine Stimme hört sich an, wie unter Wasser. Los, spuck es schon aus. Ich kenne dich jetzt lange genug.«

Ganz langsam griff Brunhilde zu ihrer Tasche, tat so, als wenn sie darin herumwühlte. Dann legte sie einen Brief auf den Tisch. Die Kante war ausgefranst. Er wirkte abgegriffen.

Margarete zog die Augenbrauen zusammen. Normalerweise hatte sie ja immer einen flotten Spruch auf den Lippen, aber diesmal spürte sie, dass es wohl unangebracht war.

»Darf ich?«

Brunhilde nickte.

»Justizvollzugsanstalt, 8. Bezirk«, las Margarete. »Hast du Probleme mit der Justiz?«

»Ich nicht!«

»Deshalb wolltest du unbedingt heute dem 8. Bezirk einen Besuch abstatten.« Es war keine Frage, wohl eher eine Feststellung.

Brunhilde presste die Lippen aufeinander.

Margarete verschränkte die Finger ineinander, dann legte sie den Zeigefinger an die Nase.

»Um mit dem Schriftsteller Alfred Polgar zu sprechen, sitzen wir jetzt im Caféhaus, weil wir alleine sein wollen, aber dazu Gesellschaft brauchen.«

Brunhilde lächelte zaghaft.

»Wie schön, dass ich dir ein Lächeln ins Gesicht zaubern konnte. Jetzt erzähle doch einfach mal.«

Brunhilde nahm einen Schluck aus ihrer Kaffeetasse, gab der Serviererin zu verstehen, dass sie gerne ein großes Glas Wasser hätte. Als das Glas vor ihr stand, begann sie zu sprechen, spielte dabei immer wieder mit den Kugeln ihrer Holzkette.

»Ich war so happy, als du den Vorschlag machtest, nach Wien zu reisen.« Sie schwieg, Margarete sah sie aufmunternd an. »Ich war als junges Mädchen in Wien, habe hier sogar eine Weile gelebt.«

»Das wusste ich ja gar nicht!«

»Du weißt vieles noch nicht.«

Margarete ergriff eine Hand ihrer Freundin und hielt sie fest. »Und da hast du einen Mann kennengelernt, stimmt's?«

Das Schweigen Brunhildes sagte mehr als tausend Worte.

»Er war Wiener, zeigte mir verborgene Ecken seiner Stadt. Wir hatten eine tolle Zeit, waren verliebt und fragten nicht danach, was die Welt wohl kostet.«

Brunhildes Gedanken gingen weit zurück. Ihr Gesichtsausdruck spiegelte Wehmut wider. Sie schluckte, presste die Lippen aufeinander.

Margarete sagte nichts, ließ ihrer Freundin die Zeit, die sie brauchte.

»Ich war jung, dumm und so verliebt. Und Jo hat das ausgenutzt.«

»Jo war dein Freund?«

Brunhilde senkte zustimmend den Kopf.

Die Kellnerin kam an den Tisch, fragte nach weiteren Wünschen. Beide Frauen verneinten.

»Was ist dann passiert?« Margarete griff nach der zweiten Hand Brunhildes, hielt sie gleichfalls fest.

»Wir waren eine nette Truppe, alles Studenten, die meisten von uns wollten Lehrer werden. Du weißt ja, die wilden 60er-Jahre, Hippiezeit, Flower Power.«

Margarete überließ sich kurz ihren Gedanken, dachte an ihre eigene Jugend zurück.

»Und dann?«

Brunhilde entzog ihrer Freundin die Hände. »Wir waren damals alle finanziell klamm. Und da kam Jo auf die Idee zu spielen. Wir sind raus nach Baden, du weißt, da ist ein großes Kasino, und Jo begann zu spielen. Es war wohl das Anfängerglück, das so vielen hold ist. Er hat damals viel gewonnen und alles sofort wieder auf den Kopf gehauen. Das war der Anfang vom Ende. Ich hatte ihm Geld geliehen und er hat alles verspielt.« Brunhilde sah in die Ferne, dann holte sie ein Taschentuch heraus und schnäuzte sich ausgiebig. »Meine Zeit in Wien neigte sich dem Ende entgegen. Ich hatte ja nur ein Jahr eingeplant. Und Jo machte keinerlei Anstalten, mich zurückzuhalten. Er war immer öfter im Spielkasino, hatte kaum mehr Zeit für mich. Kurz gesagt, ich bin nach Deutschland zurück und Jo war Geschichte.«

»Und was soll der Brief jetzt?«

»Wollen wir hier gleich zu Mittag essen? Ich habe gesehen, dass die hier wunderbare Galetts machen. Buchweizenpfannkuchen mit verschiedenen pikanten Füllungen.«

Margarete war klug genug, Brunhilde nicht weiter zu bedrängen. Das Essen verlief schweigend. Erst nach einer weiteren Tasse Kaffee begann Brunhilde wieder zu sprechen.

»Nach etlicher Zeit, ich war schon lange mit dem Studium fertig und hatte meine Referendariatsstelle angetreten, wurde mir ein Brief nachgeschickt. Er war von Jo. Er entschuldigte sich für sein Verhalten.«

»Ist die Liebe wieder aufgeflammt?«

»Ich hatte damals meinen ersten Mann kennengelernt und wollte eine alte Suppe nicht wieder aufwärmen.«

»Hast du ihm geantwortet?

»Nie! Deshalb hat es mich auch gewundert, dass er in den letzten Jahrzehnten immer wieder mal etwas von sich hören ließ. Mal war es eine Postkarte, mal ein Brief. Zu Weihnachten und an meinem Geburtstag hat er immer geschrieben. Ich hatte ja einen Nachsendeauftrag, deshalb kam die Post immer an.«

»Seltsam, wirklich sehr seltsam. Er hat dich nie vergessen, Teuerste. Und dann kam wohl dieser Brief.« Margarete deutete darauf.

»Was soll ich von diesem Schreiben halten?« Brunhilde wischte sich über die Augen. Setzte ihre Brille auf, um sie gleich wieder abzunehmen.

Margarete zog das Schreiben aus dem Kuvert und begann interessiert und aufmerksam zu lesen. Nach einer gewissen Zeit ließ sie ihn sinken. Rote Flecken zierten ihre Wangen.

»Das ist ja ein Ding. Und was hast du jetzt vor?«

»Ich werde ihm den Wunsch erfüllen. Ich habe von zuhause aus recherchiert, was ich tun muss, um eine Besuchserlaubnis zu bekommen.«

»Hast du dir das reiflich überlegt? Es ist schließlich sehr, sehr lange her, seitdem du ihn das letzte Mal gesehen hast.«

Brunhilde schwieg.

Dann sagte sie sehr leise: »Begleitest du mich?«

Brunhilde kramte die Besuchserlaubnis aus ihrer Tasche. Sie zeigte den Brief her, dann hieß es warten. Sie konnte nicht still sitzen, ging immer wieder auf und ab. Warum tat sie das? Jo stammte aus einem anderen Leben. Sie wollte gerade gehen und sich die Absurdität ihres Vorhabens eingestehen, als sie aufgefordert wurde, mitzukommen. Margarete durfte sie nicht begleiten.

»Du schaffst das«, flüsterte die ihrer Freundin zu.

Brunhilde wurde durch endlose Gänge geführt. Gitter wurden geöffnet und wieder zugesperrt. ›Zur Krankenstation‹ stand auf einem großen Schild, das an einer Wand befestigt war. Der Beamte öffnete eine Tür, bat sie einzutreten.

Das Männlein, das da fast in den weißen Lacken verschwand, hatte nichts mehr mit dem Mann zu tun, den Brunhilde einst gekannt und geliebt hatte. Er hob schwach seine Hand, wollte die von Brunhilde ergreifen. Ein Lächeln glitt über sein Gesicht. Seine Wangen waren eingefallen, der Schädel war vollkommen kahl. Brunhilde erschrak. Hier lag ein Mann, der sicher nicht mehr lange zu leben hatte. Seine Haut war wächsern, auf der Stirn standen ein paar Schweißperlen. Die Lippen wirkten blau, feine Äderchen durchzogen seine Hände.

Sie nahm sich zusammen und sagte betont freundlich: »Hallo Jo. Hier bin ich.«

Sie nahm seine Hand, die sich kraftlos anfühlte. Sie merkte deutlich, wie er sich anstrengte, die ihrige festzuhalten.

»Hallo«, die Stimme klang brüchig, war sehr leise. »Schön, dass du ...« er brach ab. Seine Augen gingen zum Nachtkästchen, auf der ein Umschlag lag. »Müde«, sagte Jo. »So müde.« Und nach einer gewissen Zeit hauchte er: »Verzeih!« Dann erstarb seine Stimme.

Er schloss die Augen. Irgendwie wirkte er anders, als bei ihrem Kommen. Man konnte fast sagen, dass er von innen her leuchtete.

»Er sieht so friedlich aus«, flüsterte Brunhilde.

Der Beamte, der sich die ganze Zeit mit im Krankenzimmer befunden hatte, ging auf sie zu und sagte: »Sie müssen jetzt gehen.« Er drückte ihr den Brief in die Hand. »Es war ihm sehr wichtig, Sie noch einmal zu sehen. Er sprach sehr viel von Ihnen.« Er wies zur Tür. »Bitte!«

»Darf ich?« Brunhilde beugte sich über Jo. Sie legte ihren Finger zuerst auf ihren Mund, drückte einen Kuss darauf, um ihn dann an Jos Mund zu führen. Sie strich ihm über die Wange.

Ein letzter Blick, dann ging sie.

Brunhilde war kalkweiß, als sie auf Margarete zuging, ihr Schritt war schleppend. »Würde es dir etwas ausmachen, wenn du mich eine halbe Stunde alleine lässt? Es ist nicht weit zum Schönbornpark. Da würde ich mich gerne etwas zurückziehen.«

»Natürlich, teuerste Freundin. Ich setze mich solange da vorne in das Lokal. Piaristenkeller steht da. Komm einfach nach, wenn du soweit bist.«

Brunhilde antwortete mit einem leisen »Ja«.

Langsamen Schrittes ging sie zum Park, dessen Name auf das Palais Schönborn zurückging. Sitz eines Bischofs, der im 18. Jahrhundert nach Würzburg abberufen worden war. Sie setzte sich in die Hundezone. Es war ein Schock für sie gewesen, Jo so klein und verfallen im Bett zu sehen. In ihren Gedanken war er groß und stattlich, hatte langes Haar und immer ein Lächeln auf den Lippen. Sie zog den Brief aus ihrer Manteltasche. Er war nicht verschlossen. Sie erkannte die Schrift nicht wieder. Mehrfach musste sie beim Lesen absetzen, um sich über die Augen zu wischen.

»Ich habe dich nie vergessen, liebe Nini«, nie wieder hatte sie jemand »Nini« genannt. Keiner ihrer beiden Ehemänner hatte sie so gerufen. Bruni oder Hilde – aber keiner hatte sie Nini geheißen.

»Ich habe leider einen falschen Lebensweg eingeschlagen«, las sie weiter. »Das große Geld war zu verlockend. Ich frage mich oft, wie mein Leben wohl verlaufen wäre, wenn du in Wien geblieben wärst. Es ist müßig, darüber nachzudenken. Ich wollte dich immer wieder mal sehen – irgendwie ist es nie dazu gekommen.«

»Jetzt geht es mit mir zu Ende«, las sie, nachdem sie den Brief wieder aufgenommen hatte. »Der leichtsinnige Lebenswandel macht sich bemerkbar. Irgendwo bin ich falsch abgebogen. Das Studium habe ich geschmissen, nachdem ich immer wieder gewann. Erst nur im Spielkasino und dann geheime Pokerrunden in Hinterzimmern.«

Brunhilde ließ den Brief erneut sinken. Jo war also ein Spieler geworden. »Irgendwann habe ich verloren«, las sie weiter, »das blieb nicht aus. Ich musste Spielschulden bezahlen. Dann kam der erste Banküberfall, Knast, zweiter Banküberfall, diesmal mit Körperverletzung. Und leider ging es so weiter.«

Nun begann Brunhilde heftig zu weinen. Das hätte sie nie und nimmer von ihrem ehemaligen Freund gedacht. Ein Spieler und ein Verbrecher war er geworden. Es ging fast über ihre Kraft, die letzten Sätze im Brief zu lesen.

»Jetzt bin ich alt und sollte entlassen werden. Im wirklichen Leben würde ich mich wahrscheinlich nicht mehr zurechtfinden, deshalb bin ich froh, dass ich im Knast bleiben kann. Mehr als die Hälfte meines Lebens habe ich im Häfen verbracht.« Brunhilde erinnerte sich an das österreichische Wort für Gefängnis. »Ich möchte dich so gerne noch einmal sehen. Deshalb habe ich die Anstaltsleitung gebeten, dich anzuschreiben. Ich wusste ja, wo du lebst.«

Hier war der Brief zu Ende. Ein krakeliges Zeichen, das wohl seine Unterschrift sein sollte, bildete den Schluss. Den Brief hatte jemand anders geschrieben.

Brunhilde stand auf. Ein paar Sonnenstrahlen kitzelten ihr Gesicht. Ihr war nun leichter ums Herz. Sie hatte den Wunsch eines Sterbenden erfüllt. Sie wollte nur noch an die schönen Stunden mit Jo zurückdenken. Er hatte sich damals für einen anderen Lebensweg entschieden.

Entschlossen ging sie in Richtung Piaristenkeller*, wo ihre Freundin auf sie wartete. Jetzt fühlte sie sich stark genug, um Margarete alles zu erzählen.

*Piaristenkeller:

Das Lokal ist etwa 300 Jahre alt. Die Attraktion des Hauses ist ein Besuch im Weinkeller, denn dort hat Kaiser Franz Joseph ein Hutmuseum und einen Weintresorraum eingerichtet. In der Musikstube kann man gut essen oder in den weit verzweigten Gewölben unterhaltsame Partys feiern. Der Klosterkeller hat Charme, ist romantisch, wie dies nur im Laufe der Jahrhunderte möglich geworden ist.

Drei Dinge gehören zu einem guten Kaffee: erstens Kaffee, zweitens Kaffee und drittens nochmals Kaffee.

(Alexandre Dumas der Ältere, 1802 bis 1870, auch Alexandre Dumas Davy de la Pailleterie oder Alexandre Dumas père, französischer Schriftsteller, heute vor allem durch »Die drei Musketiere« und »Der Graf von Monte Christo« bekannt.)

ZUCKER GOSCHERL

9. Bezirk (Alsergrund) - Café Stein

GENIESSE
das UNGEWÖHNLICHE
caféstein
HENDRICK'S
GIN

9. Bezirk (Alsergrund) – Café Stein

Das Café Stein ist in unmittelbarer Nähe zum Zentrum und der Ringstraße. Trinken Sie Ihren Kaffee mit Blick auf die Votivkirche. Bereits seit 1985 besteht das Café, die Mischung aus Wiener Charme und modernem Szenetreff ergibt einen gemütlichen »back to the roots«-Stil. Elegant und zeitlos.

Der Tag beginnt – auch für die absoluten Frühaufsteher – mit einem guten Frühstück. Mittags gibt es köstliche Menüs und am späten Nachmittag und Abend treffen Sie sich mit Freunden oder Bekannten bei ruhigem Flair. Viele Räumlichkeiten und der Gastgarten mit herrlicher Terrasse laden zum Lernen und Arbeiten und natürlich auch zum Entspannen und Genießen ein.

Viele der Gäste betrachten das Café als ihr zweites Wohnzimmer. Sie können ungestört arbeiten oder lesen. Platz finden kleine Gruppen oder auch größere Gesellschaften. WLAN ist selbstverständlich.

Wie wird das Café am besten beschrieben? Jede(r) findet seinen eigenen Platz. Dieses Wiener Caféhaus ist etwas für jede(n) Genießer.

Cafe Stein Betriebsges. mbH
Währinger Straße 6-8
1090 Wien
Telefon: 1 319 72 41

Office@cafestein.at
Öffnungszeiten
Montag bis Mittwoch 08 bis 24 Uhr
Donnerstag bis Samstag 08 bis 01 Uhr
Sonntag und Feiertag 09 bis 24 Uhr

Frühstückszeiten:
Montag bis Freitag 08 bis 11 Uhr
Samstag 08 bis16 Uhr
Sonntag und Feiertag 09 bis 16 Uhr

Mittagsmenü:
Werktags ab 11 Uhr (solange der Vorrat reicht)

So kommen Sie hin:
Vom Hauptbahnhof mit der U1 Richtung Leopoldau, Karlsplatz aussteigen, Ausgang Oper, dann Richtung Rathaus mit einer Ringlinie (außer mit dem 2er) Richtung Rathaus, Station Schottentor aussteigen.

Kaffeepausen sind Tankstellen für Geist und Gemüt.
(Helmut Glaßl, *1950, Dipl.-Ing., Maler, Aphoristiker)

ZUCKER GOSCHERL

10. Bezirk (Favoriten) - Café Groissböck

Konditorei & Cafe
Groissböck

10. Bezirk (Favoriten) – Café Groissböck

Zuckerbäcker: Ein Traditionshandwerk mit Zukunft! Mit süßen Zuckerbäckerkreationen und röstfrischem Kaffee verführt das Café Groissböck seit mehr als vierzig Jahren, nicht nur die Wienerinnen und Wiener. Das Erfolgsrezept? Es wird mit Liebe gebacken und es werden ausschließlich die besten Zutaten für die feinen Meisterwerke verarbeitet. Und das schmeckt man. Überzeugen Sie sich selbst vom handwerklichen Können – am besten bei einem Besuch in einer der Konditoreien.

Die Freude und Leidenschaft für sein Handwerk wurden Oliver Groissböck in die Wiege gelegt. Er war fünf Jahre alt, als sein Vater Rudolf Groissböck 1974 seine erste Konditorei eröffnete und damit den Grundstein zu der Erfolgsgeschichte legte. 1990 übernahm Oliver Groissböck nach seiner Ausbildung zum Konditormeister die Produktionsleitung des Betriebes, erweiterte das Filialnetz, steigerte die Produktion und baute die Qualität weiter aus. Heute leitet er das Unternehmen mit 80 Mitarbeitern, darunter sechs ausgebildeten Konditormeistern und 14 Lehrlingen.

Der Wiener Schlemmerkrapfen ist das Markenzeichen der Familie Groissböck. Kaum ein anderer versteht es, mit diesem traditionellen Backwerk so zu begeistern. Er wird täglich frisch vor den Augen der Kunden zubereitet. Und das rund ums Jahr. Nicht umsonst wurde dem Groissböck-Krapfen bereits mehrfach der Titel »Bester Krapfen von Wien« verliehen.

Speziell die Krapfen wurden im Laufe von 40 Jahren zum Markenzeichen von Groissböck. Die Kunden haben die Wahl zwischen Marillen- und Vanillefüllung und seit kurzem auch der zuckerfreien Variante.

Ob heiß oder kalt, trocken oder nass – die flaumigen Krapfen von Groissböck verführen rund ums Jahr. Stets frisch gebacken, sind sie ein wahrer Genuss und schmecken nicht nur zur Faschingszeit. Ob Schulbeginn, Grill-Party oder Nachmittags-Jause – es gibt immer einen guten Grund, das flaumige Backwerk zu genießen! Natürlich schmeckt auch der Kaffee dazu, egal, welche Sorte Sie wählen, hervorragend zum süßen Gebäck.

Rudolf Groissböck GmbH
Neilreichgasse 96 bis 98
1100 Wien
vertreten durch:
Oliver Groissböck

Kontakt:
Telefon: +43 1 604 2510
E-Mail: office@groissboeck.at

Öffnungszeiten:
Montag bis Samstag: 07:30 bis 19:00 Uhr
Sonn- und Feiertag: 08:00 bis 19:00 Uhr

Büro-Öffnungszeiten:
Montag bis Freitag: 09:00 bis 16:00 Uhr
Wochenende und Feiertags: Geschlossen
E-Mail: office@groissboeck.at

So kommen Sie hin:
Vom Hauptbahnhof die Straßenbahnlinie O Richtung Raxstraße zur Endstation Rudolfshügelgasse, stadtauswärts gehen in die Raxstraße, nächste Kreuzung

Kaffee ist die Milch der Denker und Schachspieler. (Aus Arabien)

Hätten Sie's gewusst?

... dass Kaffee dem Körper gar kein Wasser entzieht? Er wirkt allenfalls kurzzeitig harntreibend, wodurch dieser Mythos entstand. In geringen Dosen stimuliert Koffein sogar das Herz-Kreislauf-System, steigert das Leistungsvermögen und erhöht die Konzentrations- und Speicherfähigkeit im Gehirn.

ZUCKER GOSCHERL

11. Bezirk (Simmering) - Café Oberlaa

11. Bezirk (Simmering)
Café Oberlaa und der Zentralfriedhof

Was halten Sie davon, auf dem Zentralfriedhof zu frühstücken?

Wer Wien einen Besuch abstattet, hat meist auch den Zentralfriedhof auf der Agenda. Im Jahre 1874 wurde er eröffnet, fast zweieinhalb Quadratkilometer laden zum Spazierengehen ein. Er zählt zu den größten Friedhofsanlagen Europas. Insgesamt wurde er siebenmal erweitert.

Viele Ehrengräber können Sie bestaunen, Jugendstil-Bauwerke des weitläufigen Areals gehören zu den besonderen Sehenswürdigkeiten der Stadt.

So richtig beliebt war der Zentralfriedhof im 19. Jahrhundert nicht. Er wirkte trostlos, ohne Vegetation, karg. Um das Grab eines Angehörigen zu besuchen, musste man eine beschwerliche Anreise auf sich nehmen, denn es gab keine Bahnverbindung.

Also, was tun? Der Gemeinderat beschloss daher, die Attraktivität des Friedhofs zu steigern. Es sollten Ehrengräber errichtet werden. Dazu wurden prominente Persönlichkeiten von anderen Friedhöfen auf den Zentralfriedhof umgebettet. Ludwig van Beethoven und auch Franz Schubert bekamen hier ihre letzte Ruhestätte. Ein Gestaltwettbewerb wurde ausgeschrieben, so entstand die Friedhofskirche zum Heiligen Karl Borromäus – ein weiterer Anziehungspunkt für Besucher. Auch Karl Lueger, der Wiener Bürgermeister ist hier beigesetzt. Über tausend Ehrengräber erwarten Sie, eine fantastische Jugendstil-Architektur und die herrliche Natur sollte nicht vergessen werden. So ist der Zentralfriedhof ein beliebtes Naherholungsgebiet geworden.

Da der Friedhof sehr groß ist, können die Hauptwege gegen eine Gebühr auch mit dem Auto befahren werden. Höchstgeschwindigkeit 20 km/h, es gilt die StVO. Es gibt einen eigenen Bus, der tagsüber die Friedhofsanlage befährt. Am Tor 2, halbstündlich fährt der Bus 19 durchnummerierte Haltestellen an.

Von der Börsegasse über die Wiener Ringstraße, den Rennweg und die Simmeringer Hauptstraße fährt die Linie 71. Sie stellt in zahlreichen Geschichten, Anekdoten und Liedern den letzten Weg eines jeden Wieners dar.

Nicht nur eine katholische Ecke gibt es, alle Glaubensrichtungen, buddhistisch, evangelisch, islamisch, jüdisch, orthodox und auch mormonische Beerdigungen werden hier durchgeführt.

Der Austropopper Wolfgang Ambros hat dem Friedhof in einer musikalischen Hommage ein Denkmal gesetzt. »Es lebe der Zentralfriedhof«, ist eines seiner bekanntesten Lieder. Inspiriert wurde er von seinem Kollegen Joesi Prokopetz, der anlässlich des 100-jährigen Jubiläums des Friedhofes ein Plakat sah.

Viele Filmproduktionen bedienten sich des morbiden Charmes. So sei »Der dritte Mann« von Orson Welles als ein Beispiel von vielen genannt.

Jährlich finden Open-Air-Konzerte – Nachklang – statt.

Ein besonderes Highlight sind die Fiakerfahrten durch den Zentralfriedhof. Der Standplatz ist beim Tor 2 von Anfang April bis Ende Oktober, täglich von 10 Uhr bis 17 Uhr. Der Fiakerbetrieb Frank Wulf ist der Einzige mit einer Lizenz für Rundfahrten. (Telefon: +43 (0)699 181 54 022)

Nach so viel Kultur haben Sie sich ein wundervolles Frühstück im denkmalgeschützten Café/Kurkonditorei Oberlaa verdient. Täglich ab 8 Uhr ist es geöffnet.

Lassen Sie sich von köstlichen Kuchen und Torten verführen, vielleicht möchten Sie eine warme Mehlspeise kosten? Natürlich alles aus eigener Produktion. Die Kaffee- und Teespezialitäten erfreuen ihren Gaumen. Auch der pikante Snack wird ihnen zu verschiedenen Frühstücken schmecken.

So gestärkt haben Sie vielleicht noch Lust, ins Zentralfriedhof-Museum zu gehen?

Ja, der Wiener hat ein besonderes Verhältnis zum Tod. Dies schlägt sich auch in diversen Liedern nieder. Es heißt nicht umsonst »Die schöne Leich« – der Tod ist unvermeidlich, also wird er gefeiert.

Über 250 Originalobjekte, ebenso Bildmaterial bietet das Bestattungsmuseum. Eine originale Kutsche für den Leichentransport, ein so genannter Fourgon aus der Zeit um die vorherige Jahrhundertwende ist zu bestaunen. Es gibt skurrile Hinterlassenschaften, z. B. einen Rettungswecker oder ein Herzstichmesser, aus einer Zeit, als man fürchtete, lebendig begraben zu werden.

Oder würde Sie ein Klappsarg aus dem Jahre 1784 mehr interessieren? Er stammt aus der Zeit Joseph II. Darin wurde auch Mozart bestattet. Der Sarg wurde geöffnet, der Tote fiel in eine Grube und der Totenschrein wurde für den nächsten benutzt. Uniformen und üppige Trachten können Sie bestaunen und etwas besonderes – sogar als Zeitgeschichte zu betrachten – ist eine Rechnungsanweisung des kaiserlichen Hofes. Darauf vermerkt ist die Überführung und Bestattung von Franz Ferdinand und seiner Gattin nach dem Attentat von Sarajewo.

Laufen Sie eine Station stadteinwärts und schließen Sie Ihren Besuch auf dem Zentralfriedhof und einer weiteren Jause im Concordia Schlössl ab.

Gleich gegenüber dem 1. Tor des Zentralfriedhofes ist wohl einer der romantischsten Plätze – das Schloss Concordia, auch die »Kleine Oper Wiens« zu finden. Ursprünglich wurde es vom k.u.k. Hofsteinmetz-Unternehmens Sommer & Weniger genutzt, die Steinfiguren hergestellt hatten. Gleich beim Eingang treffen Sie auf eine überlebensgroße Christusstatue und wenn Sie den Blick nach oben richten, bleibt die Zeit »still«. Eine riesige Uhr zeigt »5 vor 12« an, ein gleichnishafter

Hinweis, dass die Geschichte der Menschen wechselhaft ist.

Die Monarchie neigte sich ihrem Ende zu und somit war auch der Glanz der Hofsteinmetzerei vorbei. Wind und Wetter verpassten dem Schlössl eine Patina, heute von den Besuchern geschätzt. Die Säulenhalle ist immer noch beeindruckend, Decken und Wände sind aus Stuck und der großzügige Gastgarten lädt zum Schnitzelessen ein.

Erst 1988 ist das Concordia Schlössl renoviert worden. Friedrich Falkner machte einen Gastronomiebetrieb daraus. Warum heißt das Schlössl eigentlich »Kleine Oper Wien?« Diverse Salon- und Arienabende, die in unregelmäßigen Abständen stattfanden, gaben dem Schlössl diesen Beinamen. Lesungen, Ausstellungen, Konzerte, Kabarettabende rundeten das Bild ab. Die Prominenz gab sich die Klinke in die Hand, verfielen dem Charme des Gebäudes und sie tanzten durch die Nacht.

Kurkonditorei Oberlaa
Simmeringer Hauptstr. 232
1110 Wien
Telefon: 1 7671768-0
Zentralfriedhof@Oberlaa-Wien.at
www.oberlaa-wien.at

So kommen Sie hin:
Vom Hauptbahnhof mit der Linie U1, zwei Stationen Richtung Oberlaa bis zum Reumannplatz, dann in die 11er-Tram Richtung Kaiserebersdorf/Zinnergasse umsteigen. An der Station Tor 2 aussteigen.

Rendezvous mit Hindernissen

Brunhilde Sanders sah interessiert zu, wie ihre Freundin Margarete Meier-Blix vom Bad in den Salon der Hotelsuite und zurück wuselte, dort etwas aus dem Schrank zog und zurücklegte. Eine Bluse vor sich hielt, um sie dann wieder entnervt auf einen Stuhl zu werfen; in einen Schuh schlüpfte und gestresst den zweiten suchte. Brunhilde nippte an ihrer Kaffeetasse.

»Und du meinst, du machst das Richtige?«

»Wenn ich nicht davon überzeugt wäre, würde ich es nicht tun«, gab Margarete zur Antwort.

»Der Kaffee schmeckt gut, die Wiener können halt einfach Kaffee kochen.«

Margarete sah gereizt über ihren Brillenrand, zog die Augenbraue hoch. »Sag mir lieber, welchen Hosenanzug ich anziehen soll? Den blauen oder lieber doch den grauen?«

»Der graue sieht edler aus. Dazu eignet sich die Batistbluse ausgezeichnet. Noch ein lila Tuch, das passt perfekt zu deinen getönten Haaren.«

»Und du hältst dich in unmittelbarer Nähe auf, nicht wahr? Greifst notfalls ein, falls es despektierlich werden sollte.«

»Aber natürlich, liebste Freundin. Ich passe auf, wie ein Schießhund. Wer weiß, was das für ein Typ ist.«

»Dann bin ich ja beruhigt. Und es kann nichts passieren.«

Margarete schnaufte tief ein und aus. Worauf hatte sie sich da bloß wieder eingelassen? Aber jetzt einen Rückzieher machen, das kam nicht in Frage.

»Käffchen? Oder ist dir was stärkeres lieber?«

»Nö, lass mal. Sonst rieche ich nach Alkohol und wenn ich jetzt noch einen Kaffee trinke, geht mir die Pumpe. Bin eh schon aufgeregt genug.«

»Ja, wer hätte das gedacht, dass du bei unserer Wienreise einen Kavalier kennenlernst«, flötete Brunhilde. Die beiden Freundinnen waren sehr reiselustig, diesmal hatten sie sich für ein verlängertes Wochenende entschieden, das sie in Wien verbringen wollten. Brunhilde wollte unbedingt Schloss Schönbrunn anschauen, ins Palmenhaus gehen, den Tiergarten und dort das Schmetterlingshaus besichtigen.

Und – vor allen Dingen wollten beide Damen sich durch die Vielfalt der Kaffees trinken. Ganz oben standen deshalb die diversen Kaffeehäuser mit Kaffeehausspezialitäten. Brunhilde war fasziniert vom kleinen Braunen, dem Pharisäer und der Melange.

»Unter einem Braunen kann ich mir ja noch einen Kaffee mit einem Schuss Milch vorstellen«, meinte Margarete.

»Und a Melange«, wienerte Brunhilde, »is a Kaffeetscherl mit viel Milchschaum.«

»Aha und was muss ich mir unter einem Pharisäer vorstellen?«

»Du weißt doch, dass ein Pharisäer ein Heuchler ist. In diesem Kaffee ist ein großer Schluck Rum versteckt und eine Schlagobershaube rundet das Ganze ab.«

»Steht das so im Reiseführer?«

Brunhilde grinste und zeigte mit dem Daumen nach oben.

»Wien, Wien nur du alleine ...«, sang Margarete leicht falsch. Mit Blick auf die Uhr meinte sie: »Es wird Zeit. Wir müssen los.«

Als die beiden Damen am Hauptbahnhof in Wien ankamen – der Zug war ausnahmsweise mal pünktlich gewesen – hatte sie ein junger Mann ziemlich unsanft auf die Seite geschubst. Margarete hatte dabei Brunhilde gestreift, die Koffer umgeworfen und wäre beinahe gestürzt, wenn sie nicht ein nonchalanter Herr, dunkelgrauer Anzug, rote Krawatte, aufgefangen hätte. Seine grauen Haare waren zu einem Mozartschwanz zusammengebunden.

»Charmant«, hatte er mit Blick auf Margarete, die in seinen Armen lag, erwidert.

»Tschuldigung«, hatte der junge Mann nur geschrien. »Mein Zug!« Dann war er weiter gerannt.

Brunhilde war verwirrt, Margarete noch verwirrter.

»Hier, meine Karte«, meinte der Herr, »falls noch etwas ist und Sie meine Hilfe brauchen. Bitte melden Sie sich. Würde mich freuen.« Galant hatte er Margarete die Hand geküsst. »Ich bedauere sehr, aber auch mein Zug fährt gleich.«

Er machte eine kurze Verbeugung und schon war er im Getümmel verschwunden.

»Du kannst dein verklärtes Gesicht absetzen«, meinte Brunhilde süffisant. »Lass uns ein Taxi nehmen und zum Hotel fahren.«

Margarete war die nächsten beiden Tage unaufmerksam. Sie trottete hinter Brunhilde her, sah pflichtbewusst zur Gloriette hinauf, als sie Schönbrunn besuchten, trank einen schnellen Kaffee im 1. Bezirk beim kleinsten Café Wiens in der Griechengasse, auch wenn er sündhaft teuer war.

»Das ist wirklich ein Luxuskaffee, dieser Cornettoccino«, meinte Brunhilde. »Und die Waffel ist innen mit Schokolade ausgekleidet. Damit machst du etwas für die Umwelt, denn siehst du, die Waffel esse ich mit auf.«

»Ja ja«, war der Kommentar von Margarete.

»Also wirklich«, sagte Brunhilde, »jetzt reicht es. Du bist ja nicht zum Aushalten. Jetzt ruf den Typen endlich an.«

Margarete sah schuldbewusst aus und flüsterte: »Entschuldige, aber der Mann geht mir einfach nicht aus dem Kopf.«

Brunhilde holte ihr Handy aus der Tasche und sagte barsch. »Wähle!«

Nach zweimaligem Läuten wurde bereits abgenommen. Margarete stellte sich vor, sagte ein paar begleitende Worte und sie strahlte, als sie den Aus-Knopf drückte.

»Ich habe morgen Nachmittag eine Verabredung!«

»Wo und wann?«

»Am Stephansplatz um 15 Uhr.«

Margarete war pünktlich. Es war letztendlich doch der graue Hosenanzug geworden. Das lila Tuch betonte ihre Haare, die ebenfalls einen lila Ton hatten. Margaretes Hals zierten rote Flecken. Sie war aufgeregt wie ein Teenager. Würde der Herr wirklich kommen? Sie wusste Brunhilde an ihrer Seite. Diese stand in gebührendem Abstand und las interessiert in einem Reiseführer.

»Guten Tag, gnädige Frau.« Die Andeutung eines Dieners, er lüftete den Hut. »Wie schön, dass Sie gekommen sind. Darf ich Ihnen unsere Kaffeehauskultur etwas näher bringen?«

Margarete klatschte begeistert in die Hände, zählte auf, wo sie schon überall Kaffee getrunken hatte.

»Dann darf ich Sie bitten, mit mir zu kommen.« Er führte sie die U-Bahn am Stephansplatz hinunter, stieg mit ihr in die U 1. Aus den Augenwinkeln sah Margarete, wie ihr Brunhilde in einigem Abstand folgte.

»Hier müssen wir aussteigen«, sagte der Herr, der sich noch einmal mit dem Namen Dr. Arthur Möller vorgestellt hatte. Seine Augen leuchteten blau, zum Versinken, dachte Margarete. Trotzdem, irgendetwas störte sie an ihm. Waren es seine übertriebenen Gesten? Sein Blick ruhte öfter auf ihr, taxierten sie eingehend.

»Reumannplatz«, las Margarete.

»Jetzt müssen wir auf die Straßenbahn Nummero 11 warten, und dann geht es ... lassen Sie sich überraschen.«

Er fasste Margarete an den Schultern und drehte sie um. Ein paar Meter von hier ist das Amalienbad. Ein städtisches Bad mit historischem Flair, im Jugendstil gebaut. Ah, da kommt ja unsere Bahn. Dr. Möller hatte sich neben Margarete gesetzt; er verstand es, angenehm zu plaudern. »Viel zu sehen gibt es auf dieser Strecke leider nicht.« Nach einiger Zeit meinte er: »Schauen Sie mal nach links.«

Margarete erblickte ein kleines Schlösschen. Sie lächelte.

»Gefällt Ihnen das Concordia Schlössl? Dort gibt es schmackhafte Schnitzel.«

Brunhilde saß ein paar Sitzplätze weiter, hielt Augenkontakt mit ihrer Freundin.

»So, noch eine Station und wir sind da! Bitte aussteigen.«

»Zentralfriedhof Tor 2«, las Margarete.

Sie war erstaunt, ein Rendezvous auf einem Friedhof! So etwas hatte sie auch noch nicht erlebt.

»Kommen Sie«, sagte Dr. Möller, »ich zeige Ihnen die prominenten Gräber. Sehenswert. Kommen Sie!«

Eilig schritt er voran, ohne darauf zu achten, ob Margarete mitkam oder nicht. Was ist dass denn für einer, dachte Margarete. Schleppt mich auf den

Zentralfriedhof, ob das für ein erstes Stelldichein das Richtige ist?

»Ach, Sie kommen ja gar nicht mit«, rief der Herr. Abrupt blieb er stehen, so dass Margarete beinahe in ihn hineingelaufen wäre. Brunhilde blieb in gebührendem Abstand, versteckte sich immer wieder hinter den zahlreichen Bäumen, die die Wege säumten.

»Noch ein paar Informationen zum Concordia Schlössl.« Er lächelte charmant, nahm Margaretes Arm. »Das Schlössl wird auch ›Kleine Oper Wien‹ genannt, ursprünglich wurde es als ein Kontor des k. u. k. Hof-Steinmetzunternehmens Sommer & Weniger genutzt. 1881 war das.«

»Aha«, meinte Margarete.

Dies schien Herrn Möller anzuspornen. »Die Firma hatte sich auf monumentale Steinfiguren spezialisiert. Können Sie sich noch an die lebensgroße Christusstatue erinnern? Und auf die riesige Uhr. Das symbolisiert, dass die Zeit still steht, denn die Zeiger stehen immer auf 5 vor 12.«

Er klatschte in die Hände, hielt Margaretes Blick fest und zog sie weiter. »Das ist natürlich ein metaphorischer Hinweis auf die wechselhafte Geschichte der Menschen.«

»Aha«, sagte Margarete erneut. Sie wusste nicht so recht, was sie von den Ausführungen des Herrn Dr. Möller halten sollte.

»Kommen Sie weiter«, meinte er begeistert. »Schauen Sie die kunstvoll verzierten Gräber an. Schön, gell? Jetzt führe ich Sie zu den Ehrengräbern.«

Margarete lächelte gequält. Eigentlich hatte sie sich auf ein nettes Gespräch gefreut, stattdessen wirkte er oberlehrerhaft.

»Sehen Sie, die berühmten Namen, in Stein gemeißelt? Brahms und Schubert, und bekannte Namen aus Film, Musik, Kabarett, Kunst und Politik, herrlich nicht wahr?«

»Sagen Sie mal, Herr Dr. Möller«, Margarete betonte den Doktor etwas übertrieben. »Sind Sie Historiker und Fremdenführer, weil Sie sich so gut auskennen?«

»Richtig, gnädige Frau.« Er lächelte breit.

»Alles schön und gut, ich würde jetzt viel lieber einen Kaffee trinken. Hier gibt es doch sicher ein passendes Café«, tat Margarete geziert.

»Dann wollen wir mal zum denkmalgeschützten Café Oberlaa gehen.«

Aufatmend ließ sie sich auf einen Stuhl fallen. Ein paar Tische weiter saß Brunhilde. Sie hatte ihnen den Rücken zugekehrt. Trotzdem bemerkte Margarete ein amüsiertes Lächeln in ihrem Gesicht. Margarete sah sich in dem Cafe um. Sie orderte eine Melange und ein Soda-Zitron. Ihr Begleiter bestellte einen großen Braunen und eine Sachertorte mit viel Schlagobers.

»Die müssen Sie unbedingt probieren, schmeckt hier fast besser als im Café Sacher«, sagte er.

Margarete versuchte ein Gespräch in Gang zu bekommen, aber der Herr war mittlerweile sehr einsilbig geworden. Nachdem er seinen Kuchen aufgegessen und seinen Kaffee getrunken hatte, rutschte er etwas unruhig auf dem Stuhl hin und her.

»Vielen Dank für den netten Nachmittag, gnädige Frau«, sagte er mit einer kleinen Verbeugung. »Für meine Dienste erlaube ich mir, einen kleinen Obolus zu nehmen. Ich wünsche Ihnen noch einen schönen Aufenthalt in Wien.«

Weg war er. Margaretes Mund stand offen. Brunhilde hatte natürlich alles beobachtet und eilte an den Tisch.

»Was war das denn?«

Achselzucken.

Brunhilde machte eine entsprechende Handbewegung zu der Bedienung. Die Serviererin kam und legte eine Rechnung auf den Tisch. Neben der Konsumation stand da: »Führung zu den prominenten Gräbern Euro ...« Margarete ließ die Rechnung fallen, die Zahlen verschwammen vor ihren Augen.

»Soll ich den Geschäftsführer kommen lassen und mich beschweren?«, meinte Brunhilde. »Ich lass es sein«, sagte sie mit Blick auf das blasse Gesicht ihrer Freundin.

Zähneknirschend bezahlte Brunhilde. Sie verkniff sich auch jeden Kommentar. Auf eine Konfrontation hatte sie keine Lust. Dass die Bedienung und dieser Herr unter einer Decke steckten, war wohl klar. Sie ließ sich auf den Cent genau herausgeben.

Als die beiden in der Straßenbahn Richtung Innenstadt saßen, meinte Margarete: »Das hat auch noch kein Mann mit mir gemacht. Rendezvous auf einem Friedhof. Und dann soll ich seine Führung auch noch bezahlen!«

»Abhaken, liebste Freundin, abhaken«, meinte Brunhilde. »Die restlichen Tag hier in Wien machen wir es uns schön!«

»Wunderschön«, antwortete Margarete. »Aber so was von wunderschön!«

ZUCKER GOSCHERL

12. Bezirk (Meidling) - Altes Wiener Café

Das Raimann

Speisen & Getränke
Raimann

12. Bezirk (Meidling) – Altes Wiener Café – Das Raimann

Man sagt a Schalerl Kaffee nicht a Tass', a Häferl ist die nächste Stufe (¼ Liter). Und Häferl gibt's im alten Wiener Café Raimann, einem wunderschönen Vorstadtcafé.

Peter Altenberg, ein Wiener Kaffeehausliterat beschreibt die Wiener Kaffeehauskultur so: Nicht zuhause und doch nicht an der frischen Luft.

»Das Raimann« möchte Wohnzimmer und Bibliothek für seine Gäste sein. Schmökern Sie in internationalen und regionalen Zeitungen, oder spielen Sie Schach oder auch Billard. Hier trifft sich Jung und Alt, um Backgammon zu spielen oder um eine Melange zu trinken – oder wie wär's mit einem Kleinen Braunen? In frisch renovierten (Nichtraucher)Räumen trinkt es sich doch gleich noch einmal so gut! Eine große Leinwand lädt dazu ein, Sportübertragungen in fröhlicher Runde zu schauen. Oder ist Ihnen eher nach Literaturshows?

Im Sommer lädt ein gemütlicher Schanigarten zum Verweilen ein.

Herr Schaffer führt das Café traditionell, er will aber auch den neuen Zeiten Rechnung tragen. Natürlich gibt es eine klassische Kaffeehauskarte, daneben werden zwei Tagesgerichte angeboten. Einmal herkömmliche Speisen und eine vegetarische Variante. Es werden nur frische Zutaten für das wechselnde Angebot verwendet, die Lieferanten sind aus Wien und der Umgebung.

Das Team empfängt sie in freundlicher und gemütlicher Atmosphäre.

Café Raimann
(Heinz Schaffer)
Schönbrunner Str. 285
1120 Wien
Tel. +43 1 8135767
heinz@caferaimann.at
www.caferaimann.at

So kommen Sie hin:
Vom Hauptbahnhof mit der U1 nach Leopoldau, am Karlsplatz umsteigen in U4 Richtung Hütteldorf, aussteigen Meidling Hauptstraße, Ausgang Fabriksbrücke, die Schönbrunner Schlossstraße queren, in die Schönbrunner Straße einbiegen.

ZUCKER GOSCHERL

13. Bezirk (Hietzing) - Café am Platz

Café am Platz
Hietzing
Café am Platz
Hietzing
Kaffee
Café am Platz
Hietzing
- breakfast and lunch
Italian coffee-special cakes
and pies-Italian icecream
ITALY
Gelato

13. Bezirk (Hietzing) – Café am Platz

Nach einem Besuch im Schloss Schönbrunn haben Sie vielleicht noch Lust, sich den Zoo und das Palmenhaus anzusehen? Es erwarten Sie exotische Pflanzen und saisonale Blüher, die in drei Zonen eingeteilt sind. Gleich in der Nähe des Palmenhauses, im Herzen von Hietzing, befindet sich das »Café am Platz«. Nachdem nun die Augen auf ihre Kosten gekommen sind, möchten Sie die Betreiber des Cafés in gemütlicher Atmosphäre kulinarisch verwöhnen.

Von verschiedensten Frühstücksvarianten und Eiergerichten über täglich wechselnde Mittagsmenüs bis hin zu Wiener Spezialitäten à la carte – alle Speisen werden frisch zubereitet. Es wird großteils glutenfrei gekocht.

Die Kuchentheke kann sich sehen (und schmecken) lassen. Als Besonderheit sei die »Mozartschnitte« erwähnt. Spontan fällt einem die Mozartkugel ein, in der vier Komponenten verarbeitet sind: Nougat, Marzipan, Pistazien und Schokolade. Bereits seit dem 19. Jahrhundert ist diese Köstlichkeit über die Grenzen hinaus bekannt. Natürlich können Sie auch andere Mehlspeisen aus der Tortenvitrine konsumieren.

Nehmen Sie in der warmen Jahreszeit Platz im gemütlichen Schanigarten, genießen original italienischen Kaffee und schmökern in aktuellen Zeitungen. Zu jedem Kaffee wird eine hausgemachte Rumkugel serviert. Alle Mitarbeiter werden regelmäßig von einem Barista geschult.

Vielleicht möchten Sie auch den Tag mit reichhaltigen Frühstücksvarianten beginnen? Die können sich sehen lassen!

Café am Platz
Am Platz 6
1130 Wien
Telefon: 01 877 93 38
https://www.cafeamplatz-hietzing.at/anfahrt
Zahlungsmöglichkeiten: Bargeld
Gratis WLAN

Öffnungszeiten:
Montag bis Freitag von 08:00 bis 19:00 Uhr
Samstag von 08:00 bis 19:00 Uhr
Sonntag und Feiertag von 08:00 bis 19:00 Uhr

So kommen Sie hin:
Vom Hauptbahnhof mit der U1 zum Karlsplatz, dann die U4 Richtung Hütteldorf, in Hietzing aussteigen, Richtung Eingang Schlosspark, Palmenhauseingang.

»Ein Wiener Caféhaus ist ein Ort, wo Zeit und Raum konsumiert werden, aber nur der Kaffee auf der Rechnung steht.«
(Verfasser unbekannt)

ZUCKER GOSCHERL

14. Bezirk (Penzing) - Galerie Café Esther

14. Bezirk (Penzing) – Galerie Café Esther

Der 14. Bezirk zeichnet sich etwas »künstlerisch« aus. Wer sich für Malerei und Bildhauerei interessiert, für den ist das Ernst-Fuchs-Museum genau richtig. Auf dem Gelände befindet sich ein Café, das den Besuch im Museum abrundet.

Ernst Fuchs wurde 1930 geboren. Sein Vater emigrierte aus politischen Gründen nach Shanghai. Ernst blieb mit seiner Mutter in Wien. Als er 12 Jahre alt war, ließ er sich im Stephansdom taufen und konvertierte zum katholischen Glauben. Da er kein Gymnasium besuchen durfte, bekam er Privatunterricht, vor allem in Bildhauerei und Malerei. Er schrieb sich nach Kriegsende an der Akademie für Bildende Künste ein.

Das Museum zeichnet ein schönes Bild des aufstrebenden Künstlers Ernst Fuchs, der ein bedrohtes Jugendstil-Juwel, die erste Otto-Wagner-Villa in Wien Hütteldorf kaufte.

Das Café Esther hat seinen Namen von Fuchs' Bildwelten – erotische, monumentale Bronzen, die er geschaffen hat. 1988, hundert Jahre nach der Erbauung durch Otto Wagner, wird die Wagner-Villa zum Ernst-Fuchs-Privatmuseum. Eine Retrospektive seines Schaffens von 1945 bis zur Gegenwart wird hier gezeigt.

Ernst Fuchs kann auf ein erfülltes und fantastisches Leben zurückblicken. Er stirbt am 9. November 2015 in Wien. Sein Grab kann am Hütteldorfer Friedhof besucht werden (Tram 49).

Das Café Esther ist mit liebevollen Details ausgestattet. Es besteht die Möglichkeit zu privaten Veranstaltungen. Es kann ein Catering der Mitarbeiter des Kaffeehauses in Anspruch genommen werden.

Das Café ist im ehemaligen Pförtnerhaus untergebracht, malerisch gelegen im Garten der Villa. Es lädt bei Kaffee und Kuchen, vielleicht auch bei einem Glas Wein, zum Verweilen ein. Kunst und Kultur machen hungrig, denn Körper und Geist brauchen Nahrung. Sie können in vielen Publikationen zu Otto Wagner und Ernst Fuchs blättern.

Galerie Café Esther
Hüttelbergstraße 26
1140 Wien
Telefon: +43 1 91 48575
info@ernstfuchsmuseum.at

Öffnungszeiten
Dienstag bis Samstag 10 bis 17 Uhr
Sonntag 12 bis 16 Uhr
Eingeschränkte Öffnungszeiten am 24.12. und 31.12. von 10 bis 13 Uhr
Das Museum ist am 25.12. und 1.1. geschlossen.

Führungen:
Öffentlich immer freitags um 14 Uhr
Privat ab 10 Personen (bitte anmelden per E-Mail oder telefonisch), die NÖ-Card wird akzeptiert.

Das Museum kann auch virtuell außerhalb der Öffnungszeiten besucht werden:
https://my.matterport.com/show/?m=4kwmAYjfUPZ&ts=2

So kommen Sie hin:
U4 Endstation Hütteldorf, danach Bus 52A/B bis Campingplatz Wien West 1.

Nach einem guten Kaffee verzeiht man sogar den Eltern.
(Oscar Wilde, 1854 bis 1900, eigentlich Oscar Fingal O'Flahertie Wills, irischer Lyriker, Dramatiker und Bühnenautor)

ZUCKER GOSCHERL

15. Bezirk (Rudolfsheim-Fünfhaus) -
Café Kriemhild

Kriemhild
CAFE
CAFE

15. Bezirk (Rudolfsheim-Fünfhaus) – Café Kriemhild (Nibelungenviertel)

Das Grätzel ist im Aufschwung begriffen. In unmittelbarer Nähe zur Stadthalle, rund um den Kriemhildplatz, ist das Café Kriemhild nicht zu übersehen. Der Platz hat seinen Namen nach der Gattin Siegfrieds, einer Gestalt aus der Nibelungensage. Der gelbe Schriftzug prangt in riesigen Buchstaben über dem Eingang. Auffällig ist der mit vielen Pflanzen begrünte Garten, mit Retro-Tischen und -Sesseln bestückt, sogar auf einer Hollywood-Schaukel können Sie Platz nehmen. Der Innenraum weist das Flair der 70-Jahre auf und wer Lust hat, kann Billard spielen.

Frühstückszeiten

Frühstücken kann man im Café Kriemhild täglich von 10.00 bis 14.00 Uhr, die Auswahl ist sehr abwechslungsreich. Wenn Sie es besonders eilig haben, bietet das Kriemhild das Frühstück »Hammas eilig« an (Bio-Butter, Marmelade, Semmerl). Es gibt auch vegane Varianten.

Selbstverständlich dürfen auf keiner Frühstückskarte eine heiße Schokolade, ein Chai Latte und ein Schalerl Kaffee fehlen. Wer möchte, auch mit Soja-, Hafer- oder Mandelmilch. Für Spätaufsteher gibt's – nicht nur am Sonntag – auch deftige Frühstücke.

Wissen Sie, was eine Shakshuka ist?

Warum nicht zum Frühstück diese nordafrikanisch/israelische Köstlichkeit probieren? Aus dem Arabischen übersetzt bedeutet »schakschuka« in etwa »Mischung«. Das Gericht wird aus pochierten Eiern in einer Sauce aus Tomaten, Chilischoten und Zwiebeln zubereitet und mit Baguettescheiben serviert.

Im grünen Garten hat man einen wunderschönen Blick auf den Kriemhildplatz, da schmeckt der hausgemachte Tee besonders gut. Wenn Sie ein charmantes Café im Retro-Ambiete suchen, sind Sie hier genau richtig.

Café Kriemhild
Markgraf-Rüdiger-Straße 14
1150 Wien

Öffnungszeiten
Sonntag bis Donnerstag von 10.00 bis 23.00 Uhr
Freitag und Samstag von 10.00 bis 24.00 Uhr

So kommen Sie hin:
Vom Hauptbahnhof mit der Straßenbahn Linie 18 Richtung Urban-Loritz-Platz, 700 m Hütteldorfer Straße stadtauswärts bis rechts Markgraf-Rüdiger-Straße hinter der Stadthalle.

Zuerst Kaffee, die Welt retten wir später.
(C. George)

ZUCKER GOSCHERL

16. Bezirk (Ottakring) - Café Weidinger

16. Bezirk (Ottakring) – Cafe Weidinger

Wer morbiden Charme mag, der ist im Weidinger bestens aufgehoben. Das Café wartet neben Flair auch mit Authentizität auf. Laut Nikolaus Weidinger beruht das Geheimnis seines Cafés auf den Kunden, die einen durch die heiklen Zeiten tragen. Deshalb spart er auch nicht an der Qualität.

Begeben Sie sich auf eine Zeitreise. Wenn man in das Weidinger geht, hat man das Gefühl, aus der Zeit gefallen zu sein. Zugegeben ist die Erscheinung etwas antiquiert. Wer sich davon abschrecken lässt, verpasst ein sehr leckeres Frühstück. Neben einer Melange werden Spezialitäten wie ein Einspänner, ein Verlängerter oder ein Doppel-Mokka gereicht. Auch die anderen Speisen können sich sehen lassen. Vom Fiaker Gulasch zur Eierspeise und natürlich verschiedene Torten und Strudel stehen auf der Karte, die Preise sind hier angenehm günstig.

Innen ist mehr drin, als man von außen erwarten würde. Ein Stück wahres Wien von seiner herrlich schmierigen Seite.

Das Weidinger ist nur einen Katzensprung vom belebten Gürtel entfernt, gleich bei der Lugner City und verschweigen darf man natürlich auch nicht die Rotlichtmeile. Es ist tagsüber seltsam still im Weidinger auch, wenn alle Tische besetzt sind. Das hektische Leben bleibt draußen. Das Café hat schon viel mitgemacht, man sieht es an der Nikotin-Patina und auch an den durchgesessenen Polstermöbeln. Dieser Wiener »Ranz« hat etwas Beruhigendes – alles ist unaufgeregt, bescheiden und einfach.

Das Café hat Charme.

Möchten Sie Karambol spielen? Oder doch lieber Karten und Schach? Oder möchten Sie mit Freunden eher im hauseigenen Keller, dem ehemaligen Kohlekeller, kegeln? Oder einfach nur gemütlich einen Kaffee trinken, Zeitung lesen und Leute beobachten?

Der 16. Bezirk ist immer einen Ausflug wert. Nur wenige Gehminuten ist die Ottakringer Brauerei entfernt, die immerhin schon seit 1837 besteht. Hier können Sie mit einer Führung hinter die Kulissen der Brauerei schauen und sich die Geschichte erzählen lassen. Sie hören auch etwas über die Bierproduktion und den -prozess. Im Weidinger wird natürlich das Ottakringer (vom Fass) ausgeschenkt. Im Sommer können Sie es im schattigen Gastgarten im Hof trinken. Er scheint in dieser belebten Gegend ein Ort der Ruhe zu sein. Deshalb sagen die Gäste übereinstimmend: »Lasst es so, wie es ist!« Es gibt schon genug moderne Lokale, das Flair vom Weidinger soll erhalten bleiben. Einige behördliche Auflagen mussten erfüllt werden, so eine Trennwand zur Raucherabteilung. Mittlerweile ist das gesamte Café eine rauchfreie Zone, ansonsten ist die Einrichtung so unverändert wie in den vergangenen Jahrzehnten.

Cafe Weidinger
Lerchenfelder Gürtel 1/Gablenzgasse (neben der Lugner City)
1160 Wien
Telefon 1 4920702

Öffnungszeiten
Das Cafe ist durchgängig, täglich von 8 bis 24 Uhr geöffnet.

So kommen Sie hin:
Vom Hauptbahnhof mit der Tram Nummer 18 bis Burggasse (Endstelle Stadthalle), gegenüber ist die Lugner City.

Darkcafé

»Was wollen wir heute machen, liebste Freundin?«

Brunhilde schlüpfte in eines ihrer Wallekleider und überlegte, welche Kette am besten dazu passen würde.

»Ich möchte heute shoppen gehen«, antwortete Margarete. »Und ich möchte eine Führung in der Ottakringer Brauerei machen«, schob sie leise hinterher.

»Du und shoppen? So kenne ich dich gar nicht.«

»Siehste, da kannste noch was über mich lernen.«

»Was hast du noch genuschelt? Ottakringer Brauerei? Habe ich das richtig verstanden?«

»Ja, und ich habe uns auch schon zu einer Führung angemeldet.«

»Seit wann trinkst du Bier? Wir sekteln doch viel lieber!«

»Ich bin offen für alles.«

Die beiden grienten sich an. Margarete hatte ihr iPhone geöffnet und zog das Bild am Display größer.

»Wir können mit der Tram Nummer 18 bis zur Burggasse fahren.«

»Langsam wirst du ein Profi, was die öffentlichen Verkehrsmittel in Wien anbelangt. Entschuldige mich, ich will kurz telefonieren.«

»Ui das schaut aber ein bisschen nach Rotlichtmeile aus. Eine Bar an der anderen. Halbnackte Mädchen ...«

»Keine Angst, meine Liebe, tagsüber schlafen die Damen doch, da können wir uns schon gefahrlos bewegen. Andererseits! Gegen ein bisschen Rotlicht hätte ich gar nichts einzuwenden.« Margarete kicherte verhalten.

»Stimmt, soll gut gegen Verspannungen sein«, konterte Brunhilde.

»Guten Tag, meine sehr verehrten Damen und Herren. Ich heiße Miriam und ich führe Sie heute durch unsere Brauerei.«

Eine junge Frau stand vor der Gruppe, die sich um sie scharte.

»Bei dieser Führung können Sie einen exklusiven Blick hinter die Kulissen unserer Bierproduktion werfen. Ich erzähle Ihnen etwas über die Geschichte unserer Brauerei, über die ausgesuchten Rohstoffe die wir verwenden, und die einzelnen Schritte des Brauprozesses. Kommen Sie bitte mit!«

»Ob die sich tatsächlich so gut auskennt?«, hörte Margarete eine leicht blasierte Stimme. Als sie sich umdrehte, sah sie eine Frau, die eine schlecht sitzende Perücke trug. Ihr Gesicht war verkniffen, die Mundwinkel zeigten nach unten. Sie schnaufte wie eine Lokomotive, als sie weitergingen. Sie hatte sich bei einem Mann eingehackt, dünn wie ein Spargel und der einen Kopf kleiner war als sie.

»Wie lange dauert das denn?«, näselte die Frau. »Und bekommen wir anschließend auch eine Verkostung?«

»Selbstverständlich, gnädige Frau. Frisch gezapft aus dem Fass. Die Führung wird etwa eine Stunde dauern.«

»Aber nicht länger, ich bin nicht so gut zu Fuß«, nörgelte sie.

»Dass es immer Meckerer geben muss« sagte Margarete gerade so laut, dass die Frau das hören musste. Worauf sie ein strafender Blick streifte.

»Wir haben 180 Mitarbeiter und brauen jährlich 420.000 Hektoliter Bier«, sagte Miriam. »Wir sind auch ein fester Teil des Wiener Stadtlebens geworden, denn wir betreiben Eventlocations auf dem Brauereigelände.«

»Gibt es dann auch Bierpartys?« Margarete klatschte begeistert in die Hände.

»Sicher!«

»Das ist doch mit Lärmbelästigung verbunden«, meinte die Meckerziege.

»Seit wann ist Feiern leise?«, ereiferte sich Brunhilde.

»Ts, ts«, war die hochnäsige Antwort der Frau. Sie wedelte mit der flachen Hand hin und her.

»Wir sind ein Familienunternehmen«, fuhr Miriam fort, ohne weiter auf die Einwände einzugehen, »und wir haben einen hauseigenen Brauereishop inklusive Lieferservice.«

»Weißt du was, teuerste Freundin«, meinte Margarete, »jetzt fehlt bloß noch, dass wir im Bottich eine Leiche finden. Ich wüsste auch schon, wen wir da versenken könnten.«

»Unterstehen Sie sich«, keifte die Frau von hinten.

»Fühlen Sie sich angesprochen?« Der Spott in Margaretes Stimme war nicht zu überhören. »Wir jedenfalls sprechen gerade von einem Kriminalroman, den wir kürzlich gelesen haben.«

»Und da ist eine ewige Meckerziege im Bierbottich ertrunken«, ergänzte Brunhilde. Sie zwinkerte dem Spargel verschwörerisch zu. Dann konzentrierten sie sich wieder auf die Führung.

Es war wirklich sehr interessant, den Ausführungen von Miriam zu lauschen. Zum Abschluss gab es für jeden ein Glas Bier, das freudig angenommen wurde.

»Lass uns jetzt in die Lugner City gehen. Ich hatte dir ja eine Shoppingtour versprochen.«

Brunhilde klatschte begeistert in die Hände. »Ja, lass uns lauter wienerische Sachen einkaufen.«

»Bring mir gefälligst eine Nummer größer!«

Die Stimme kannten die beiden. »Jetzt ist Wien so groß und uns begegnet diese dumme Kuh schon zum zweiten Mal.«

»Da passen doch nur Mannequins rein«, sagte eine nörgelnde Stimme. Sie betonte das Wort überdeutlich. »Karl-Friedrich, eine Nummer größer.«

»Nehmen Sie mal gleich drei Nummern größer«, meinte Margarete zu dem Herrn. Er verdrehte nur die Augen.

Sie war vor einem Zeitungsständer stehengeblieben, nahm ein Prospekt heraus, vertiefte sich darin.

»Weißt du, was wir nachher machen?«

»Du wirst es mir gleich sagen!«

»Wir gehen edel essen.«

»Au ja. Wohin?«

»Das wird dir vielleicht nicht so gefallen, liebe Brunhilde, schau mal wir gehen ...« Sie hielt ihr den Prospekt hin.

»Warum nicht?«, war die überraschende Antwort.

Es wurde ein Glas prickelnder Sekt gereicht. Kellner in schwarzen Hosen und weißen Hemden, die Kellnerinnen trugen schwarze Bleistiftröcke und weiße Blusen, stellten sich namentlich vor. Alle hatten eines gemeinsam: Sie trugen dunkle Brillen. Der Oberkellner, eine schwarze Fliege zierte seinen Hals, erklärte den Ablauf des Abends.

»Wir begrüßen Sie herzlich im Vier-Sinne-Café.«

»Wir wollen da noch rein!«, unterbrach, eine keifende Stimme. »Jetzt machen Sie schon mal Platz da.«

»Die sind aber auch überall«, seufzte Margarete. »Es hätte so ein schöner Abend werden können.«

»Wird es Teuerste, wird es.«

Der Oberkellner, er hatte kurz innegehalten, ergriff nun wieder das Wort. »Unser Konzept ist sehr effektiv. Willkommen zum Dinner in the Dark. Durch das Ausschalten Ihres Sehsinnes kommen die anderen vier Sinne mehr zum Zuge. Hören, Schmecken, Fühlen und auch Riechen, sie werden ein unvergleichliches kulinaisches Erlebnis erfahren. Sie speisen im Dunkeln, werden somit in eine eindrucksvolle Welt entführt. Unser Team ist blind. Unsere Kellner und Kellnerinnen nehmen Sie auf diese einzigartige Reise mit.« Er deutete auf seine Crew, die den Kopf leicht geneigt hielt.

»Wir begleiten Sie nun durch eine Lichtschleuse zu Ihrem Tisch. Das Licht wird immer dunkler, so dass sich ihre Augen daran gewöhnen, dann in völliger Dunkelheit zu sein. Halten Sie sich fest, benutzen Sie Ihren Tastsinn.«

»Jetzt gib mir schon deine Hand, Karl-Friedrich.« Man hörte ein Scheppern, gefolgt von einem Schmerzensschrei.

Ein kleines Lichtlein war zu sehen. Ein Kellner führte Margarete und Brunhilde an einen Tisch. »Tasten Sie ruhig alles ab«, meinte er freundlich. »Scheuen Sie sich nicht, meine Damen!«

»Karl-Friedrich, hierher!«, ein Plumps, erneutes Scheppern. Dann wurde es stockfinster.

»Jetzt sitzen die auch noch bei uns am Tisch.«

Margarete war alles andere als begeistert. Sie wollte den Abend genießen und ihn sich nicht vom Gekeife einer frustrierten Frau verderben lassen.

»Ich habe Grundzutaten gewählt, die uns beiden schmecken«, bemerkte Margarete. »Was wir dann letztendlich essen, wird erst am Ende des Dinners aufgelöst.«

»Ich bin vielleicht was aufgeregt, das kann ich dir sagen«, flüsterte Brunhilde. »Das ist wirklich ein tolles Erlebnis.«

»Ich hatte, wie immer, eine gute Idee!« Margarete versuchte Brunhildes Hand zu erhaschen, stieß dabei ein Glas um.

»Ja, wenn ich dich nicht hätte, meine Teuerste.«

»Das Personal steht auf Abruf bereit«, hörten sie den Oberkellner sagen. »Scheuen Sie sich nicht zu rufen, wenn Sie Hilfe benötigen.«

Im selben Moment ertönte ein Schrei, ein Röcheln und dann hörte man das Aufschlagen eines Körpers. Es wurde still, sehr still. Kein Atemzug war zu hören.

»So ein Klischee. Ist doch alles nur Fake«, schimpfte Margarete. »In jedem Krimidinner bekommt man das mittlerweile serviert.«

»Und hier, in völliger Dunkelheit, bietet sich das ja geradezu an«, sagte Brunhilde emotionslos. »Jetzt machen Sie schon das Licht an, damit wir sehen, wen es erwischt hat.«

Ein verhaltenes Kichern war die Antwort. »Wetten, dass das die Lady war, die sich über alles aufgeregt hat?« Margarete klapperte mit Messer und Gabel. »Ihr Mann hat sie bestimmt um die Ecke gebracht.«

Zustimmendes Raunen unter den anderen Gästen machte sich breit.

»Lassen Sie sich nicht weiter stören, essen Sie ruhig weiter. Wir haben alles im Griff. Niemand ist zu

Schaden gekommen. Es ist optimal für Ihre Sicherheit gesorgt«, verkündete der Kellner.

»Mir geht es auch gut«, hörten sie die Stimme der Frau. Sie klang recht vergnügt.

»Na, dann ist ja gut«, Margarete langte mit dem Finger in den Teller, tauchte ihn ein und schleckte ihn hingebungsvoll ab.

»Es hätte mir Spaß gemacht, eine Leiche zu spielen, essen Sie ruhig weiter. Die Damen sind leider nicht darauf reingefallen«, sagte die Dame vergnügt.

»Wäre ja auch noch schöner, für wie blöd halten Sie uns denn?«, ereiferte sich Margarete. »Aber jetzt will ich mich dem Genuss hingeben. Erbspüree, hmm lecker.«

Der Rest des Essens verlief ohne einen weiteren Zwischenfall. Nach Beendigung des Dinners wurden sie zum Ausgang begleitet, wo das ungleiche Paar bereits auf Margarete und Brunhilde wartete. Sie lächelten verschmitzt. Die Dame hatte die Perücke abgenommen und sah jetzt recht natürlich aus. Brunhilde ging auf sie zu, schüttelte ihr die Hand. Dann drehte sie sich zu Margarete um und meinte: »Entschuldige, ich wollte dir etwas Besonderes bieten und darum habe ich diese beiden Herrschaften engagiert.«

»Ach, deshalb musstest du noch telefonieren, kurz bevor wir losgingen.«

Brunhilde grinste. »Diesmal wollte ich dir etwas wirklich Besonderes bieten. Und mich bei dir für diese wundervolle Wienreise bedanken. Die Dame hier war die Nörglerin in der Brauerei und sie hat ihren Mann«, Brunhilde machte Gänsefüßchen in die Luft, »hat ihren Mann im Shoppingcenter herumgescheucht.« Beide verneigten sich, stellten sich als Schauspieler des Volkstheaters Wien vor.

»Sie waren immer in unserer Nähe. Ich hätte wetten können, dass du sofort das Kriminesern angefangen hättest.«

»Da magst du Recht haben, Brunhilde. Mein kriminalistischer Spürsinn wäre sofort geweckt worden. Ja, Schätzelein, es wäre dir beinahe gelungen. Aber Mord im Darkcafé hat sooo einen Bart. Da hätte mich eine Leiche im Bierbottich schon mehr interessiert.«

Beide lachten sich an.

»Fürs nächste Mal lasse ich mir was anderes einfallen.«

»Mal sehen«, meinte Margarete. »Mal sehen!«

4-gängiges kulinarisches Erlebnis in der Dunkelheit mit teilweise oder vollständig blindem Personal.

4-Sinne-Café
Huttengasse 83
1160 Wien
Telefon +43 699 14 44 40 07

Reservierungen: viersinne.at

Öffnungszeiten:
Donnerstag von 09:00 bis 12:00 Uhr und
Freitag und Samstag von 15:00 bis18:00 Uhr

Sollte dies Kaffee sein, bringe man mir bitte Tee,
sollte dies Tee sein, bringe man mir bitte Kaffee

(Abraham Lincoln)

ZUCKER GOSCHERL

17. Bezirk (Hernals) - Hübler

Hübler
#hernoisisois
Kaffee
& Kuchen
EIS

17. Bezirk (Hernals) – Hübler Kaffee Konditorei GmbH

Das Café feierte im September 2020 den 65. Geburtstag! Das Unternehmen, das sich mittlerweile als letzte produzierende Kaffee-Konditorei in Hernals etabliert hat, beschäftigt 20 Mitarbeiter. Es beliefert nicht nur das eigene Kaffeehaus, sondern auch mehrere andere namhafte Kaffeehäuser, Hotels, Restaurants, Cateringfirmen und Spitäler mit ihren einzigartigen Süßigkeiten und den besten Brötchen der Stadt.

Dem jungen Konditormeister Alexander Hübler steht seine Mutter mit Rat und Tat zur Seite. Auch seine Frau Martina Hübler arbeitet mit vollem Elan im Betrieb mit. Das in die Jahre gekommene Kaffeehaus wurde modernisiert und komplett umgebaut. Nach einer dreiwöchigen Umbau-Phase erstrahlte das Kaffeehaus wieder im neuen Glanz.

Im Sommer 2019 wurde der ehemalige Raucherbereich zur neuen Hübler-Lounge umgestaltet. Die Konditorei ist jetzt komplett rauchfrei.

Alexander Hübler begann im September 1997 mit der Konditor-Lehre im elterlichen Betrieb unter der Leitung seines Vaters Hans Hübler.

Das Unternehmen hat mittlerweile acht Mitarbeiter und produziert täglich frische Mehlspeisen, Torten und hausgemachtes Eis. Auch die belegten Brötchen erfreuen sich höchster Beliebtheit. Maria Hübler, die gute Seele der Konditorei, ist tagtäglich um das Wohl ihrer Gäste bemüht. Der gesamte Gebäudekomplex, mittlerweile auch Wohnsitz der Familie, wurde generalsaniert und die Fassade des prachtvollen Gründerzeit-Hauses stilgerecht renoviert.

Nach dem traurigen Abschied vom Firmengründer wurde die Konditorei im März 2006 von Alexander Hübler und seinem älteren Bruder Manfred Hübler übernommen. Sie arbeiten Hand in Hand, um das Erbe des Vaters weiter zu erhalten.

Mit gutem Erfolg schloss Alexander Hübler die Gesellenprüfung ab und arbeitete weiter im Betrieb. Mit 18 Jahren übernahm er die Backstubenleitung.

Der Betrieb wurde von da an von dem jüngsten Konditor der Familie Alexander Hübler geleitet, der am 1. Mai 2008 seine Meisterprüfung mit Erfolg abgelegt hatte und mit knapp 26 Jahren der jüngste selbstständige Konditormeister in Wien war.

Der täglich frisch gebackene Plunder und die belegten Brötchen wurden immer beliebter. Das Kaffeehaus wurde modernisiert und erweitert. Bald wurde auch die Backstube der Konditorei zu klein und es wurde wieder umgebaut. Es entstand ein eigener Verkaufsraum und das angrenzende Kaffeehaus. Dank der hohen Qualität, die sich schnell herumsprach, wurde das kleine Zuckerlgeschäft zu eng und es wurde zum ersten Mal ein leer stehendes Geschäftslokal gleich daneben dazugekauft und umgebaut.

Mit seiner Frau Maria Hübler eröffnete der junge Konditormeister Hans Hübler die Kaffee-Konditorei.

Mit enormen Einsatz und mit viel Arbeit legte er den Grundstein für das heutige Unternehmen.

Gönnen Sie sich ein Stück Torte, Plunder oder Konfekt – oder ist Ihnen eher nach einem flaumigen Krapfen? Eine Jause oder Party-Brötchen passen zu jeder Gelegenheit. Starten Sie mit einem guten Frühstück in den Tag. Sie können unter verschiedenen Frühstücksvariationen mit entsprechenden Kaffeesorten wählen. Das Café hat für jeden Anlass die passende Torte. Dolce Vita gibt es in Wien mit den hausgemachten Eisspezialitäten.

Hübler
Lorenz Bayerplatz 19
1170 Wien
Telefon: +43 1 4864640
E-Mail: office@huebler-wien.at
Internet: www.huebler-wien.at

So kommen Sie hin:
Vom Hauptbahnhof mit der U1 bis Karlsplatz, umsteigen in die Tram 2 Richtung Dornbach, Johann-Nepomuk-Berger-Platz in Fahrtrichtung rausgehen.

Kaffee ist das schwarze Öl, das alleine diese fantastische Arbeitsmaschine immer wieder in Gang bringt.

(Honore D. Balzac)

ZUCKER GOSCHERL

18. Bezirk (Währing) - Schopenhauer

18. Bezirk (Währing) – Café Schopenhauer

Namensgeber für das Café ist der deutsche Philosoph, Autor und Hochschullehrer Arthur Schopenhauer. Er entwarf eine Lehre, die Ethik, Metaphysik und Ästhetik gleichermaßen umfasst. Er bezeichnete sich selbst als Schüler Kants, der die Philosophie als Vorbereitung seiner eigenen Lehre auffasste. Er starb 1860 in Frankfurt.

Seit 1920 gibt es das Café, das von der jüdischen Familie Zogelmann gegründet wurde. Es hat die Stürme der Zeit überdauert. Seit dem Jahr 2020 wird es von Fred Goed geführt.

Neben verschiedenen Kaffeespezialitäten gibt es auch köstliche Mehlspeisen. Nicht nur Süßes gibt es, wenn Ihnen mehr nach einem Schnitzel ist, die Speise- und Getränkekarte lässt keine Wünsche offen.

Das Café ist Treffpunkt vieler Menschen, die gerne lesen, spielen, sich unterhalten. Neben Zeitungen und Zeitschriften kann man auch in Büchern vieler Genres stöbern und sie käuflich erwerben. Sie finden alles: Politik und Philosophie, internationale Bücher, die man gelesen haben sollte, Belletristik und Reiseliteratur. Eine Plattform für österreichische LiteratInnen soll geschaffen werden.

Nicht nur Leser nehmen ihren Kaffee im Schopenhauer – dem Klassiker der Wiener Kaffeehäuser – ein, Schach- oder Kartenspieler treffen sich. Auch Bridge,

Tarock und Schach wird gespielt. Für viele ist es das erweiterte Wohnzimmer, man kann schon sagen, dass ein Besuch im Schopenhauer einer wöchentlichen Routine gleicht.

Fred Goed möchte eine Begegnungsstätte schaffen, dazu organisiert er Autorenlesungen, Musikveranstaltungen, Matinees oder Präsentationen. Natürlich werden auch Kinder nicht vergessen. Es gibt kreativ gestaltete Figurentheaterstücke und Mitmachkonzerte sowie Bastelnachmittage. Besondere Lesungen und Büchervorstellungen runden das Kulturangebot ab.

Café Schopenhauer
Fred Goed
the sunny side of life cafe KG
Staudgasse 1
1180 Wien Telefon: 1 4063288
office@cafeschopenhauer.at

Öffnungszeiten
Dienstag bis Samstag 8.00 bis 24.00 Uhr
Sonntag 8.00 bis 22.00 Uhr

So kommen Sie hin:
Vom Hauptbahnhof mit der U1 Richtung Leopoldau, Karlsplatz, Ausgang Oper zu den Ringlinien, Richtung Schottentor, dort aussteigen, eine Etage tiefer Straßenbahnlinie 40, 41 oder 42 bis Station Volksoper, zu Fuß über den Gürtel in die Schulgasse, bei Canongasse links abbiegen.

Kaffee ist eine Art Magie,
die man trinken kann.
(Catherina Valente)

ZUCKER GOSCHERL

19. Bezirk (Döbling) - Das Cottage

DAS
COTTAGE
CAFE BRASSERIE EDELGREISSLEREI
Silbergasse

19. Bezirk (Döbling) –
Das Cottage, Café, Brasserie, Edelgreißlerei

Als Cottage wird ein Stadtviertel in den Wiener Gemeindebezirken Währung und Döbling bezeichnet. Die Vorbilder für die Villen waren ursprünglich englische Landhäuser, Cottages. Diese beiden Bezirke gehören zu den vornehmsten und teuersten Wohngegenden Wiens. Es ist charakteristisch, dass die alten Villen in ruhigen Gassen liegen und viele Bäume und Grünflächen aufweisen. Einst wohnten hier Prominente. Die Villen haben oft rote Backsteinfassaden oder zeichnen sich durch ländliche Bauelemente aus.

So ist das Café Cottage, Brasserie, Edelgreisslerei, in der oberen Preiskategorie anzusiedeln. Das Angebot ist fein ausgewählt, einzigartig und der goldene Weg zwischen gesund und himmlisch. Sie können sehr gut essen, Mehlspeisen, die von der Chefin persönlich zubereitet werden, suchen vergeblich ihren Meister. Qualität wird großgeschrieben (Bioprodukte), nahezu alle Zutaten kommen aus ausgesuchtem Anbau. Die Speisen werden selbstverständlich frisch zubereitet, eine Reihe der Produkte ist gluten- und/oder laktosefrei.

Der Kaffee wird in der eigenen Kaffeeröstung hergestellt, Kuchen und Torten sind hausgemacht, es werden Bio-Limonaden und -säfte, und auch Cocktails gereicht. Zeitungen und Magazine stehen reichlich zur Verfügung.

Das Café trägt auch den Namen »Edelgreißlerei«. Darunter versteht man den österreichischen Begriff für einen kleinen Lebensmittelhändler. Das Geschäftslokal wird häufig als Greißlerei bezeichnet, wobei dieses oft als Gemischtwarenhandel oder als Feinkosthandel geführt wird. In Deutschland sagt man Tante-Emma-Läden dazu. Im Cottage können Sie somit auch Wein, Marmeladen oder Honig erwerben.

Ein Wegweiser deutet vom Café Richtung Grinzing (Niederhofstraße, Linie 38). Grinzing ist ein bekannter Weinort, beliebt für seine Weinstuben, für den köstlichen Wein in den Heurigenlokalen. Grinzing gehört zum 19. Bezirk, der den Charme eines alten Weindorfes bewahrt hat.

Café Cottage, Brasserie, Edelgreißlerei
Silbergasse 19
1190 Wien
Telefon: 01 328 00 84
https://www.das-cottage.at/

Öffnungszeiten: täglich von 8 bis 23 Uhr
Kartenzahlung möglich

So kommen Sie hin:
Vom Hauptbahnhof die U1 zum Schwedenplatz, dann die U4 zur Heiligenstädterstraße – Endstelle, 10 a Bus, Saarplatz aussteigen.

Ich lache niemals, bevor ich nicht meinen Kaffee hatte.
(Clark Gable)

ZUCKER GOSCHERL

20. Bezirk (Brigittenau) - Café Prindl

20. Bezirk (Brigittenau) – Café Prindl

Das Café liegt im Augartenviertel, bereits seit 1940 werden dort die feinsten Backwaren hergestellt. Deshalb ist es für die Bewohner kein Geheimnis, dass es im »Prindl« die besten Backwaren in der Umgebung gibt. Es kommen Bäckerei, Café und ein Geschäft zusammen, so dass ein 24-Stunden-Betrieb gewährleistet ist. Semmeln, Brot und verschiedenste Mehlspeisen sind frisch, dazu gesellt sich eine kleine, aber feine Auswahl an Nahrungsmitteln des täglichen Bedarfs. So ist der Betrieb ein fixer Bestandteil der Nahversorgung im Grätzel.

Schon beim Betreten fällt das schöne Ambiente auf: modern, lichtdurchflutet. Die Traditionsbäckerei ist durch Zoran Dobrosavljevic neu belebt worden. Er hat vor 25 Jahren als Bäckerlehrling im Prindl begonnen. 2014 übernahm er das Café mit der Konditorei und den Eisladen. Es war eine große Herausforderung, schließlich war er dort angestellt. Niemals hätte er es sich träumen lassen, dass der alte Herr Prindl ihm sein Geschäft als Nachfolger anbieten würde. Er musste nicht lange überlegen, er wollte den Weiterbestand des Unternehmens sichern. 2015 übernahm er dann auch die Bäckerei samt Verkaufslokal. Seine Frau Diana wurde fester Bestandteil des Unternehmens. Die Entscheidung hatte er sich nicht leicht gemacht, schließlich hieß es, nun Verantwortung für 60 Mitarbeiter zu übernehmen.

Seit 2016 ist das Café neu gestaltet worden, wohl durchdacht, zeitgemäß und modern. Es bietet ein einladendes Ambiente. Belohnt wurde das Prindl mit dem Business Award des Wiener Bezirks und Dobrosavljevic als Unternehmer des Jahres 2019 ausgezeichnet.

Sämtliche Produkte und Zutaten sind von österreichischen Händlern. Dobrosavljevic hat große Achtung vor und für Lebensmittel, deshalb werden auch übriggebliebene Backwaren an karitative Einrichtungen verschenkt.

Sie können den ganzen Tag frühstücken. Im Sommer genießen Sie ein selbst hergestelltes Eis im schönen Gastgarten, der Platz für etwa 35 Personen bietet. Die Preise sind moderat, die Semmerl und Kipferl sind aus Meisterhand gemacht und schmecken besonders gut. Empfehlenswert ist der Super Bowl. Auch individuelle Wünsche werden berücksichtigt.

Café Prindl
Jägerstraße 2
1200 Wien Telefon: +43 1 33 00 455
brot@prindl.wien www.prindl.wien
www.facebook.com/prindl.wien

Öffnungszeiten
Täglich von 05.30 bis 23.00 Uhr
Sie können täglich von 7.00 bis 22.00 Uhr brunchen.

So kommen Sie hin:
Hauptbahnhof mit U1 Richtung Leopoldau, Schwedenplatz umsteigen in U4 Richtung Heiligenstadt, Station Rossauer Lände aussteigen, über Brücke in die Obere Donaustraße bis Gaussplatz/ Jägerstraße gehen.

Augarten

Wenn Sie schon im Prindl sind, bietet sich ein Besuch im nahe gelegenen Augarten an, 2. Bezirk, der sich nordwestlich an den 20. Wiener Gemeindebezirk angliedert. Der Augarten ist ein öffentlicher Park mit der ältesten barocken Gartenanlage Wiens. Er ist im französischen Stil angelegt, bietet neben gepflegten Parterregarten, das sind flache, nur niedrig bepflanzte Gelände, mit Blumenlandschaften auch einen Spaziergang durch weitläufige Alleen mit Kastanien, Linden, Eschen oder Ahornbäumen. Im Augartenpalais ist der Sitz der Wiener Sängerknaben und im historischen Schloss können Sie durch das Porzellanmuseum schlendern. Seit 300 Jahren produziert die Manufaktur feinste Tafelware sowie erlesene Ziergegenstände in Handarbeit. Kostbare Exponate erzählen die Designgeschichte des Wiener Prozellans seit dem Jahre 1718. Ein historischer Brennofen ist als Ausstellungsraum begehbar.

Schloss Augarten Obere Augartenstraße 1
1020 Wien Tel. +43 1 211 24-200
museum@augarten.at
www.augarten.com

Öffnungszeiten
Montag bis Samstag
10 bis 17 Uhr
An Sonn- und Feiertagen geschlossen.

So kommen Sie hin:
U-Bahn Linie U2, Station Taborstraße, Straßenbahn Linie 2, Haltestelle Taborstraße. Ein kurzer Fußweg von etwa 5 Minuten entlang der Schlossmauer an der Oberen Augartenstraße bringt Sie von den Stationen zum Augarten.

Guter Kaffee ist wie gute Musik.
Beides berührt die Seele.
(Roger Cicero)

ZUCKER GOSCHERL

21. Bezirk (Floridsdorf) - S'Amterl

21., s'Amterl
21., s'Amterl

21. Bezirk (Floridsdorf) – S’Amterl

Lust auf einen Besuch im 21. Bezirk, in Floridsdorf? Am Spitz befindet sich das Bezirkshaus. Er heißt so, weil sich hier die Prager und Brünner Straße gabeln. Der Spitz ist einer der beiden zentralen Plätze im Bezirk. Das Bezirksamt Floridsdorf steht unter Denkmalschutz.

Gleich gegenüber dem Bezirksamt befindet sich S’Amterl, das liebevoll von Sascha Schützenauer betrieben wird. Ein kleines, aber ein mit Wohlfühlcharakter bestehendes Café. Sascha bedient seine Gäste ausgesprochen zuvorkommend, ein Plauscherl ist immer drin. Auch die anderen Mitarbeiter sind äußerst »Wiener charmant«. Das Essen ist frisch zubereitet – Sascha kocht selbst. Ist er doch gelernter Koch und Gastronom und hat an der GAFA, der österreichweiten anerkannten Schule für Kochen, Patisserie und Management in Gastronomie und Tourismus, studiert. Wer sich mit kulinarischen Köstlichkeiten verwöhnen lassen will, ist hier, im Herzen von Floridsdorf, genau richtig – und erst recht, wer den Tag mit einem guten Frühstück beginnen möchte.

Sascha ist nicht nur Koch mit Leidenschaft, sondern auch Fitness- und Yogatrainer. Oberhalb vom Amterl hat er ein Studio eingerichtet. Wer sich also den hausgemachten Apfelstrudel wieder abtrainieren möchte, braucht nur ein Stockwerk höher zu gehen und sich von Sascha schulen zu lassen.

Und noch etwas: Wer alteingesessene »Ureinwohner«, also Floridsdorfer antreffen möchte, ist hier genau richtig.

Das kleine Café zeichnet sich durch eine familiäre Atmosphäre aus. Stammtische haben sich etabliert, in lockerer Atmosphäre treffen sich Leute zum Austausch, zum Plaudern, zum Fachsimpeln.

S'Amterl
Familie Schützenauer
Am Spitz 15
1210 Wien
Telefon 0043 1 27 14 548

Öffnungszeiten:
Montag bis Freitag von 8 bis 20 Uhr
Samstag, Sonntag und Feiertag geschlossen

So kommen Sie hin:
Vom Hauptbahnhof mit dem Zug in Richtung Floridsdorf, ca. 20 Minuten.

S’Amterl

»Der Portier hat uns ein kleines, aber feines Café empfohlen. Es ist im 21. Bezirk am Spitz«, sagte Margarete. »Steh endlich auf, die Sonne scheint.«

Brunhilde räkelte sich, öffnete gerade mal vorsichtig ein Auge. »Wie gut, dass mich niemand denken hören kann«, murmelte sie vor sich hin. Es war sieben Uhr in der früh und ihre Freundin Margarete wusste, dass sie morgens eine gewisse Zeit brauchte, um fit zu werden. So brummte sie nur, drehte sich im Bett auf die andere Seite.

»Jetzt komm schon, alte Frau. Wir wollen doch noch einiges erleben.«

Dann begann Margarete leicht falsch zu singen: »Wien, Wien, nur du allein ...«

Brunhilde hielt sich die Ohren zu. Dann rief sie genervt: »Ich bin nicht alt, ich bin vierzig zuzüglich Mehrwertsteuer, Versand und Bearbeitungsgebühr und außerdem bin ich noch müde!«

»Na gut, dann gehe ich schon mal frühstücken. Du kannst ja nachkommen.«

Jetzt war Brunhilde wach. Eigentlich war sie grantig, obwohl, sie gestand sich ein, dass ihre Freundin immer nur so vor Elan sprühte. Im Speziellen morgens öffnete Margarete die Augen und war schon voll da. Langweilig wurde es nie mit ihr. Brunhilde setzte sich auf die Bettkante, griff zu ihrem I-Phone und gab den Suchbefehl »Spitz« ein. Es dauerte nicht lange und das Gerät zeigte ihr einige Stichworte an.

»Na warte, Margarete, ich werde dich nachher mit meinem Wissen verblüffen«, sagte sie laut.

Margarete hatte sich einen Platz am Fenster ausgesucht. Neben ihr lag der Kurier, die meistgelesene österreichische Tageszeitung.

»Da bist du ja endlich. Wie müde bist du noch?«

»Zwanzig Kaffee, bitte!«

»Wie gut, dass ich gleich eine große Kanne geordert habe.«

Brunhilde trank in kleinen Schlucken, schloss genießerisch die Augen. »Eines muss man den Ösis schon lassen, Kaffeekochen können sie.«

»Ja, man merkt halt, dass die Türken nur bis Wien gekommen sind.«

Damit erschöpfte sich ihre Konversation. Margarete war klug genug, ihre Freundin in Ruhe frühstücken zu lassen. Nach einer weiteren Tasse Kaffee, die Brunhilde diesmal mit drei Löffeln Zucker und einer Obershaube konsumiert hatte, begann sie zu sprechen.

»Du sagtest etwas von einem Bezirk, indem es ein feines Café gibt. Das würde am Spitz liegen.«

Margarete nickte, tauchte ihren Löffel in die Topfencreme, die sie mit frischen Erdbeeren garniert hatte.

»Der Spitz ist ein Platz im 21. Bezirk.«

»Stimmt!«

»Weißt du auch, dass er nach der Gabelung von Prager und Brünner Straße benannt wurde?«

»Nö, wusste ich nicht.«

»Siehste, da kannst du noch was von mir lernen.«

»Alles in Ordnung meine Damen? Haben Sie noch einen Wunsch?« Der Kellner war an ihren Tisch getreten, lächelte freundlich. Die Damen verneinten höflich.

»Die beiden Straßen befanden sich am Spitz, bevor der Platz ausgestaltet wurde«, ergänzte Brunhilde.

»Aha«, gab Margarete zur Antwort.

»Früher war der Spitz ein Marktplatz«, schulmeisterte Brunhilde weiter.

»Soso«, Margarete tippte mit dem Zeigefinger auf ihr Handy. »Du hast gegoogelt!«

»Wenn ich dich mit meinem Wissen nicht beeindrucken kann, dann verwirre ich dich halt mit etwas Google.«

Verhaltenes Lachen drang an ihr Ohr. Der Kellner hatte das Gespräch der beiden mitbekommen. Margarete winkte ihn her.

»Wie kommen wir da hin?«

»Ganz einfach, meine Damen, steigen Sie am Hauptbahnhof in den nächsten Zug Richtung Floridsdorf. In zwanzig Minuten sind sie schon da. Ich wünsche einen ereignisreichen Tag.«

»Das sieht wirklich wie ein Spitz aus!« Margarete sah sich um und eilte auf eine Statue zu. »Schaut ja witzig aus. Und das ist das Amtsgebäude?«

»Ja, das ist das Bezirksamt. Hier kannst du heiraten.«

»Wenn das eine Anspielung sein sollte, dann ...« Margarete sprach nicht weiter.

»Nein, ganz bestimmt nicht. Es war eine allgemeine Feststellung.« Brunhilde tat unschuldig.

»Wo ist das Café?«

»Dann lass uns mal um das Gebäude herumgehen. Da! Siehst du, da ist das Amterl.«

»Ein netter Name. Mir ist nach einem Pharisäer!« Margarete hatte diesen Blick drauf, der so viel hieß wie ›wehe du sagst jetzt was‹.

»Ich hätte gerne einen Apfelstrudel mit viel Schlagobers.«

»Und mir geben Sie einen extra Schuss Pharisäer hinzu!« Margarete sah den Kellner strahlend an. Auch Brunhilde strahlte über das ganze Gesicht.

Gerade als sie sich den ersten Bissen in den Mund schieben wollte, kam eine ältere Dame in das Café gestürmt. Schwer atmend ließ sie sich auf einen Stuhl fallen und orderte einen doppelten Cognac. Sie stürzte ihn hinunter und bestellte gleich anschließend einen zweiten.

Die Freundinnen sahen sich wissend an.

»Können wir Ihnen behilflich sein, gnädige Frau?«, sagte Margarete höflich.

Die Dame warf ihren grauen Zopf nach hinten, stand auf und setzte sich ungefragt an den Tisch der beiden. Brunhilde sah zur Theke, der Kellner war beschäftigt und achtete nicht auf sie.

»Stellen Sie sich vor«, sagte die Dame, »mein Nachbar hat eben eine Leiche verschwinden lassen.«

Brunhilde öffnete den Mund und legte die Hand darauf.

»Das haben Sie beobachtet? Wo? Wie?«

»Ich hatte gerade den Papiermüll entsorgen wollen. Wissen Sie, ich schaue immer durch das Guckloch an der Tür. Man weiß ja schließlich nie ... Und da habe ich ihn gesehen, wie er einen Müllsack hinter sich hergezogen hat. Haare haben rausgesehen. Er ist in seinem Keller verschwunden.«

»Das ist ja ungeheuerlich«, meinte Margarete. »Wir werden Ihnen selbstverständlich beistehen. Wir dürfen uns vorstellen?

Margarete und Brunhilde.«

Die Dame ergriff die Hände von den beiden und sagte: »Professorin Mimi Fürchtner. Ich war Lehrerin an der HAK am Hammerlingplatz im 8. Bezirk.«

»HAK?«

»Handelsakademie.«

»Ach ja. Und jetzt erzählen Sie in aller Ruhe, was Sie beobachtet haben.« Margarete sah sich nach dem Kellner um. Deutete auf den Cognacschwenker, hob drei Finger hoch und wartete das Nicken des Obers ab. Frau Professorin Fürchtner, wiederholte ihre Beobachtungen detailliert. Sie schloss mit den Worten ab: »Was soll ich nur tun? Wissen Sie, mein Nachbar ist ein komischer Mensch. Irgendwie scheu, er grüßt nur zögerlich, hat immer den Kopf eingezogen, wenn er mir zufällig im Treppenhaus begegnet.«

»Hat er eine Frau?«

»Ich sehe immer wieder Frauen bei ihm. Mal haben sie lange Haare, mal kurze, mal sind sie blond, mal rothaarig oder auch schwarz.«

»Und das beobachten Sie alles von ihrem Türspion aus«, warf Margarete ein.

»Natürlich! Ich muss ja schließlich wissen, was in dem Haus so vor sich geht.«

»Sie sind also neugierig«, sagte Margarete direkt heraus.

»Sie nennen es Neugierde, ich nenne es Aufmerksamkeit gegenüber meinen Nachbarn.«

»Wir helfen Ihnen selbstverständlich«, äußerte sich Brunhilde nach einer kurzen Schweigesekunde.

»Am besten rufen wir die Polizei. Wir alleine können da nichts ausrichten«, meinte Margarete.

»Der hat bestimmt eine seiner vielen Gspusi entsorgen wollen. Wer weiß, was da vorgefallen ist.«

Frau Professorin Fürchtner schniefte. Sie strich ihren Rock glatt und schnippte ein graues Haar von ihrem Kragen. Der Kellner servierte drei Gläser Cognac, die die Damen in einem Zug leerten.

»Gibt es hier im Bezirk eine Polizeidienststelle? Dann könnten wir direkt hingehen.«

Frau Fürchtner nickte eifrig. »Ja, in der Hermann-Bahr-Straße 3. Es sind nur ein paar Gehminuten von hier aus.«

Brunhilde sah ihre Freundin an, bemerkte ein Glitzern in deren Augen. Ihr kriminalistischer Sinn war geweckt. Mit Margarete wurde es nie langweilig. Sie standen auf und gingen los.

»Ja, und dann hat er den Müllsack hinter sich hergezogen und schwarze Haare haben rausgesehen«, sagte Frau Professorin.

»Sie müssen sofort mitkommen und den Herrn verhaften«, verlangte Margarete.

»Nun«, meinte der Polizeibeamte, »so schnell schießen nicht einmal die Preußen.«

»Wir sind Franken«, sagte Brunhilde entrüstet. »Franken, Mittelfranken, Nürnberg!«

Der Beamte drehte sich um, rief eine Kollegin, sagte ein paar Worte und meinte: »Dann zeigen Sie uns mal den Ort des Verbrechens.«

»Nehmen Sie sich keine Verstärkung mit? Der Mann ist schließlich ein Mörder. Wer weiß, was der noch alles macht.« Margarete hatte rote Flecken auf der Wange. Sie war sehr aufgeregt. Es entging ihr aber nicht, dass sie der Polizeibeamte etwas süffisant betrachtete.

»Nehmen Sie mich etwa nicht ernst?«, konstatierte Frau Professorin Fürchtner.

»Natürlich, gnädige Frau. Wir gehen jedem Hinweis nach. Kommen Sie!« Der Polizist seufzte ein wenig, stand auf, zog seine Jacke an und die Truppe setzte sich in Bewegung.

»Sie halten sich im Hintergrund«, wies der Polizist die Damen an, als er die Glocke betätigte. Man hörte ein Rumoren hinter der Tür. Dann öffnete sie sich gerade so weit, dass der Kopf des Mannes hindurchpasste. Sein Gesicht war sehr blass.

»Darf ich hereinkommen?«, fragte der Polizist.

Der Mann machte die Tür weiter auf, machte eine einladende Handbewegung.

»Uns liegt eine Anzeige vor, dass Sie einen Müllsack hinter sich hergeschleift haben, aus dem Haare heraushingen. Es besteht der Verdacht eines Tötungsdelikts.«

Die Gesichtsfarbe des Mannes wechselte von blass auf Rot, dann verfärbte sich sein Gesicht grünlich, bevor die Beine unter ihm nachgaben. Der Polizist konnte ihn gerade noch auffangen.

»Was ist da los?«, rief eine weibliche Stimme aus einem der hinteren Räume. Dann hörte man Fußgetrappel.

»Jetzt hat er eine Frau mit lila Haaren bei sich«, stammelte Frau Fürchtner entsetzt.

»Oh Gott, was ist mit meinem Bruder?«

»Bruder?«, stammelten die drei Damen im Chor.

Der Mann war wieder zu sich gekommen, schien leicht verwirrt, fing sich aber wieder. Noch im Sitzen meinte er: »Es ist mir schrecklich peinlich, wirklich ...«

Die junge Frau eilte zu ihm, half ihm, aufzustehen. Tätschelte ihm die Wange.

»Wollen wir nicht reingehen?«, ergriff sie das Wort. Während sie voranging, meinte sie: »Ich bin Friseurin, verbringe meine Mittagspause immer bei meinem Bruder. Und ich knüpfe Perücken. Auch Faschingsperücken.« Sie zog sich das lila Etwas vom Kopf. »Mein Bruder und ich, wir haben uns ein bisschen gestritten.«

»Wissen Sie, es werden immer mehr Perücken und die ganzen Schränke sind schon voll damit. Mein Bruder hat darauf bestanden, dass ich die Haarteile in den Keller bringe. Es ist ja schließlich seine Wohnung.«

»Ich mag es nicht, wenn immer alles so vollsteht«, ließ sich nun der Herr vernehmen. »Und da habe ich die Perücken in einen Müllbeutel gestopft und ihn in den Keller geschafft.«

»Tja, wenn sich alle Morde so schnell aufklären ließen, würde unsere Statistik besser ausschauen«, der Polizist konnte sich ein Grinsen nicht verkneifen.

»Aber es ist doch besser, sich einmal zu viel, als einmal zu wenig, an die Polizei zu wenden«, meinte Margarete treuherzig. »Stellen Sie sich mal vor«, sie wandte sich an Frau Fürchtner, »Sie würden wirklich Tür an Tür mit einem Mörder leben, das wäre nicht lustig.«

Frau Professor nickte eifrig. Sie ergriff die Hand ihres Nachbarn und sagte ernst: »Ich entschuldige mich in aller Form bei Ihnen und ihrer Schwester natürlich auch. Darf ich Sie auf ein Glas Champagner einladen? Sie natürlich auch, meine Damen.«

»Ich habe das Gefühl, dass sich die nachbarschaftlichen Verhältnisse grundlegend geändert haben«, flüsterte Margarete ihrer Freundin zu.

Brunhilde schmunzelte.

ZUCKER GOSCHERL

22. Bezirk (Donaustadt) - Café Nöbauer

€2,70
Nöbauer

22. Bezirk (Donaustadt) – Café Nöbauer

1947 wurde von Hubert Nöbauer und seiner Frau Leopoldine am Kagraner Platz ein Süßwarengeschäft, die Nachfolge des traditionsreichen Lokals »Zur Pepi-Tant« eröffnet.

Schon 1953 wurde ein neuer Betrieb in der Donaufelder Straße errichtet. Das Familienunternehmen entwickelte sich rasch weiter.

Der Anspruch ist es handgemachte Qualität, Tradition und dem Genuss genüge zu leisten. Die Zufriedenheit der Kunden liegt dem Unternehmen am Herzen. Diese Gepflogenheit wird bis heute großgeschrieben. Schließlich soll der Gast sich wohlfühlen, einen guten Service erhalten und wiederkommen.

Neben verschiedenen Kaffee- und Teespezialitäten kann man im Nöbauer sehr gut frühstücken. In gepflegter Atmosphäre im Wintergarten schmeckt der Kaffee besonders gut. Das Familienunternehmen ist bestrebt, sichere Arbeitsplätze zu bieten und die Gäste mit qualitativ hochwertigen Produkten zu verwöhnen.

Cafe Nöbauer
1220 Wien
Donaufelderstraße 234
Telefon: 1 2031177
info@noebauer-konditorei.at

So kommen Sie hin:
Vom Hauptbahnhof mit der U1 Richtung Leopoldau, 12 Stationen bis zum Kagraner Platz fahren, über die Wagramerstraße in den Kagraner Platz hineingehen.

Das Cafe Nöbauer hat mehrere Filialen:

19, Grinzing, Himmelstraße 7
Tel.: 01 203 11 774

22, Kagraner Platz 51
Tel.: 01 203 11 773

22, U2-Station Aspernstraße
Tel.: 01 203 11 772

22, Eissalon DOLCE, Doningasse 12

Was ist ein Kaffeehausliterat? Ein Mensch, der Zeit hat, im Kaffeehaus über das nachzudenken, was die anderen draußen nicht erleben.
(Anton Kuh, österreichischer Journalist, Literat, 1891 bis 1941)

ZUCKER GOSCHERL

23. Bezirk (Liesing) - Café Hirsch

Cafe Konditorei Hirsch

23. Bezirk (Liesing) – Café Hirsch

1910 gründete Franz Hirsch eine kleine Konditorei in Liesing, die nun in der dritten Generation von seinem Neffen geführt wird. Es werden nur natürliche und frische Rohprodukte verarbeitet. Neben Wiener Mehlspeisklassikern werden auch saisonale Kuchen und Schnitten angeboten.

Die Kunden schätzen hier vor allem die traditionellen Wiener Mehlspeisklassiker, aber auch zeitgemäß und saisonal abgestimmte Köstlichkeiten. Jedes Stück ist aus Meisterhand hergestellt. Die Preise sind moderat.

Das Café Hirsch ist ein sehr schönes und modernes Café mit einer Konditorei, in der auch Hausmannskost serviert wird.

Der Hirsch hat einen Schanigarten für etwa 40 Personen. Hier wird Ihnen im Freien Ihre Melange oder ein Verlängerter serviert. Oder ganz einfach fürstlich frühstücken. Auch mit süßen Köstlichkeiten, natürlich hausgemacht, können Sie sich verwöhnen lassen.

Nach dem üppigen Frühstück könnten Sie einen Schloss-Spaziergang machen. Sie haben die Wahl zwischen dem Schloss Liesing, ein ehemaliges Wasserschloss, dem Schloss Alterlas oder das Schloss Rodaun. Vergessen sollte auch nicht das Hofmannsthal-Schlössl sein.

Im Schloss Liesing gibt es eine große Parkanlage, die öffentlich zugänglich ist. Oder möchten Sie lieber im weitläufigen Erlaaer Schlosspark spazieren? Er geht auf einen um 1770 angelegten englischen Landschaftsgarten zurück. Im 19. Jahrhundert ist er umgestaltet worden, hat aber seine Grundstruktur behalten. Er zählt zu den ältesten Parkanlagen dieser Art in Wien.

Cafe Konditorei Hirsch
Breitenfurter Str. 360
1230 Wien
Telefon +01 869 23 97
Fax.: +01 869 23 97-4
office@konditorei-hirsch.at
www.konditorei-hirsch.at

Öffnungszeiten:
Montag bis Freitag 9.00 Uhr bis 18.30 Uhr
Samstag 7 Uhr bis 12.30 Uhr

So kommen Sie hin:
Vom Hauptbahnhof mit jeder S-Bahn Richtung Süden, vom Gleis 1/2

Chuck Norris trinkt seinen Kaffee am liebsten schwarz. Ohne Wasser.
(Chuck Norris)

Mythos Kaffeesatzlesen

Nachdem der Kaffee aus der Ursprungsregion Kaffa (Äthiopien) kam, ist das Kaffeesatzlesen dem zuzuordnen. Vom Orient aus, hat sich das Lesen aus dem Kaffee, vor allem in der Türkei, zu einem festen Bestandteil der Kultur entwickelt. Mokka oder türkischen Kaffee aufgießen, bei diesen Getränken bleibt der Bodensatz zurück. Oft bleiben auch feine Kaffeepartikel bei anderen Kaffeesorten auf dem Boden zurück. Daraus können dann die Symbole herausgelesen werden. Das Tassenorakel zeigt Ihnen die Zukunft durch Bildzeichen an.

Wie entsteht Kaffeesatz?

Vor der Erfindung der Filtertüte setzte sich der Satz der gemahlenen Kaffeebohnen in der Kanne ab. Der feinere Anteil des Kaffeemehls blieb oft als Rest am Boden der Tasse.

Warum wird aus dem Kaffeesatz gelesen?

Legen Sie einen Unterteller auf die Tasse, drehen diese um und dann wieder zurück. Der Fleck, der am Boden des Tellers zu sehen ist, sagt etwas über die Zukunft aus. Es heißt, aus dem Kaffeesatz kann man den weiteren Lebensabschnitt herauslesen. Und wer möchte nicht wissen, was so alles in der kommenden Zeit passiert? Wer daran glaubt und diese alte Kunst erlernen will, sind hier die wichtigsten Grundlagen und die Symbole mit Deutung.

Geheimnisvoll ist das Ganze ja schon. Man trinkt seinen Kaffee und erfährt etwas über seine Zukunft. Und das alles nur, weil ein dunkler Fleck am Boden über die Symbolik erklärt, wie es um unsere Zukunft bestellt ist. Das ist spannend! Soll eine bestimmte Frage beantwortet werden, stellt sie.

Deutung einzelner Formen

Wichtig: Man muss ableiten, das soll heißen, wenn Sie Formen erkennen, die auch nur ganz grob einem Symbol ähneln, greifen Sie direkt zu und lassen Sie Ihre Fantasie spielen. Seien Sie nicht zu sehr enttäuscht, wenn Sie nur vage angedeutete Bilder sehen. Verknüpfen Sie die Bilder, dann können Sie konkrete Aussagen erstellen.

Informationen zur Vergangenheit, Gegenwart und der Zukunft können gelesen werden. Was genau, liegt im Auge des Betrachters.

Wenn Sie etwas Übung haben, unterscheiden Sie helle und dunkle Tassen. Je weniger Kaffeesatz zu sehen ist, dann wird die Tasse als hell bezeichnet. Dies sagt aus, dass es dem Befragten zur Zeit seelisch gut geht und generell ein glückliches Leben geführt wird. Ist sehr viel Kaffeesatz zu erkennen, es also dunkel ist, belasten den Befragten aktuell Sorgen und Probleme.

Verschiedene Symbole beim Kaffeesatz-Lesen:

Anker: Symbol für Hoffnung und Wohlstand. Aber auch für Liebe und Treue.

Baum: Ein gut erkennbarer Baum, steht für ein Leben voller Gesundheit. Sind mehrere Bäume zu erkennen, deutet das womöglich auf unglückliche Ereignisse hin.

Blume: Blumen stehen für Erfolg, je besser sie zu erkennen sind und je größer die Blumen, desto beeindruckender ist der Erfolg.

Brief: Dieses Symbol steht für eine baldige Nachricht, die – je nachdem wie klar erkennbar der Brief ist – gut oder schlecht sein kann. Als Faustregel gilt: Was klar und deutlich zu erkennen ist, steht meist für Positives.

Buchstabe: Ein zu erkennender Buchstabe steht meist in Zusammenhang mit wichtigen Menschen im Leben. Wird der Anfangsbuchstabe eines Namens sichtbar, bedeutet das, dass diese Person in der Zukunft eine wichtige Rolle spielen wird.

Dreieck: Ein Wandel steht bevor.

Ei: Es steht für Geld, das man verdienen wird.

Fisch: Er kündigt eine glückliche Wendung an oder ein freudiges Ereignis. Ist er recht klar zu erkennen, so geht es in erster Linie um Geld, ist er nicht klar zu erkennen, werden aufkommende Probleme leicht gelöst.

Flugzeug: Es symbolisiert eine Reise, die bevorsteht.

Frau: Deutlich erkennbar steht die Frau für eine glückliche Liebe, undeutlich erkennbar geht es um Eifersucht in einer Beziehung.

Haus: Am oberen Rand bedeutet dieses Symbol, dass alle Unternehmungen mit Erfolg gekrönt sein werden. In der Mitte oder unten am Tassenboden, sollte man vorsichtig sein, sowohl im Freundeskreis als auch mit Kollegen und Geschäftspartnern.

Herz: Das Herz bedeutet Glück, eine neue Liebe und gute Erlebnisse, zwei Herzen deuten eine Verlobung oder Hochzeit an. Ein Herz mit Flecken drumherum, steht für einen baldigen Geldsegen.

Hund: Der Hund am oberen Rand der Tasse steht für Treue und Hingabe. Weiter unten und mit Flecken umgeben, sollte man im Freundeskreis misstrauisch sein. Nicht jeder ist loyal.

Kind: Am oberen Tassenrand bedeutet dieses Symbol, dass eine unverbindliche Affäre bevorsteht. Im unteren Bereich, und vermischt mit dem Rest des Kaffeesatzes, steht es für eine Affäre mit Folgen.

Kleeblatt: Dieses Symbol steht natürlich für Glück.

Kreuz: Das Kreuz steht für bevorstehendes Unglück oder für einen Feind, den man hat.

Krone: Dieses Symbol steht für Liebe und Wohlstand.

Löwe: Er steht für Wohlstand und gesellschaftlichen Erfolg und Aufstieg, aber auch für eine eifersüchtige Person, die einen umgibt.

Maus: Sie steht für Diebstahl, Betrug und andere Gefahren dieser Art.

Messer: Es bedeutet, dass man einen Neider hat, der einem schaden möchte.

Mond: Ein deutlich erkennbarer Mond steht für Reichtum und Ehre.

Schiff: Dieses Symbol steht für den Besuch eines Freundes und für Beständigkeit im Leben.

Ring: Er symbolisiert natürlich die Ehe bzw. eine Beziehung, am oberen Rand sogar eine glückliche. Ein undeutlicher Ring könnte für Untreue stehen.

Schlange: Sie warnt vor einem Feind, der einem schaden möchte.

Schlüssel: Er steht für einen Wunsch, der in Erfüllung geht.

Sonne: Sie bedeutet großes Glück und ein schönes Leben. Umgeben von einer trüben Masse deutet sie jedoch Krankheiten an.

Vogel: Erkennt man einen Vogel, bedeutet das, dass Probleme gelöst werden oder für eine Nachricht, die bald kommen wird.

Wolken: Der Kaffeesatz in Wolkenform deutet Glück und Erfolg im Job an.

Haben Sie Lust bekommen? Mit etwas Intuition und Geschick lässt sich die Liste der Symbole auch alleine weiterdenken. Viel Erfolg beim Kaffeesatzlesen!

Was man alles mit Kaffeesatz machen kann

Kaffeesatz im Garten verwenden: Als Dünger, gegen Schädlinge, zum Kompostieren, gegen Wespen und Mücken, zum Reinigen von Töpfen, Grillrost und Co., gegen üble Gerüche und gegen Zwiebelgeruch an den Händen.

Bitterstoffe im Kaffee

Haben Sie schon einmal bemerkt, dass Ihr Kaffee leicht bitter schmeckt?

Bitterstoffe sind Bestandteile des Kaffees. Sie bilden mit anderen Aromen den Gesamteindruck des Geschmacks. Eine Kaffeesorte wird gerne mit ihrer Bitterkeit beschrieben – weich oder fein. So können die unterschiedlichen Sorten besser eingeordnet werden. Natürlich ist die Zubereitung ein wesentlicher Faktor für den Geschmack des Kaffees. Auch die Röstung des Kaffees darf nicht vergessen werden. Die noch grünen Kaffeebohnen enthalten Chlorogensäuren. Aus diesen Säuren entstehen durch die Röstung die wertvollen Antioxidantien, die Hauptursache für die Bitterkeit des Kaffees. Also liegt es am Röstgrad, ob das Aroma ein eher bitteres oder eher ein weiches Aroma bekommt. Je länger die Röstung, umso herber der Geschmack. Wird der Kaffee traditionell in der Trommel geröstet, ist er garantiert frei von unerwünschten Bitterstoffen, da dies äußerst schonend und bei niederen Temperaturen geschieht. Für die Röstmeister ist es das Wichtigste, geduldig zu sein und die perfekte Röstzeit bei niedriger Temperatur einzuhalten.

Sie selbst können den Geschmack Ihres Kaffees beeinflussen.

Achten Sie auf den Mahlgrad, zu fein gemahlenes Kaffeemehl erzeugt Bitterstoffe. Daran denken, dass Kaffee gebrüht und nicht gekocht wird. Also sollte die Wassertemperatur nie über 95 Grad liegen. Auch die Kaffeemenge ist entscheidend; empfohlen werden 7 bis 8 Gramm Kaffeemehl pro Tasse. Kaffee nicht zu lange lagern!